Klaus Lange

Deine Wut tut dir gut!

edition winterwork

Bibliografische Informationen der Deutschen Nationalbibliothek:
Die Deutsche Nationalbibliothek verzeichnet diese Publikation in der
Deutschen Nationalbibliographie. Detaillierte bibliographische Daten
im Internet über http://www.d-nb.de abrufbar.

Nachdruck oder Vervielfältigung nur mit Genehmigung des Verlages gestattet. Verwendung oder Verbreitung durch unautorisierte Dritte in allen gedruckten, audiovisuellen und akustischen Medien ist untersagt. Die Textrechte verbleiben beim Autor, dessen Einverständnis zur Veröffentlichung hier vorliegt. Für Satz- und Druckfehler keine Haftung.

**Impressum**

Klaus Lange, »Deine Wut tut dir gut!«
www.klaus-lange-hamburg.de
www.edition-winterwork.de
© 2011 edition winterwork
Alle Rechte vorbehalten.
Druck und Bindung: winterwork Borsdorf

ISBN 978-3-943048-82-7

Klaus Lange

# Deine Wut tut dir gut!

Durch innere Erfahrungen
Vertrauen gewinnen zu den
eigenen aggressiven Kräften

# Inhalt

Seite

| | |
|---|---|
| Ein Buch über Aggression, Gewalt und Zerstörung? | 5 |
| Die innere Welt | 8 |
| Innen und außen | 9 |
| Bewusst innere Erfahrungen machen | 11 |
| Bewusstes Verhalten | 16 |
| Bedrohliche, aggressive, zerstörerische innere Kräfte | 21 |
| Erlösung | 25 |
| Beispiele zum aggressiven Verhalten von Menschen | 28 |
|     Partnerschaft zweier unbewusster Menschen | 28 |
|     Ein Partner lebt bewusster mit sich | 31 |
|     Bewusster miteinander leben | 34 |
|     Politische Gewalt | 35 |
|     Religiöse Gewalt | 42 |
| Gewalterfahrungen in Einzelbegleitungen | 48 |
|     Aggression | 49 |
|     Die Lokomotive | 53 |
|     Schuldgefühle | 56 |
|     Der Speer im Herzen | 58 |
|     Den eigenen Körper zerstören | 62 |
|     Die Wut am Vater ausleben | 66 |
|     Vergewaltigung | 71 |
|     Katzen-Phobie | 75 |
|     Besessenheit | 81 |
|     Enge | 85 |
|     Depression | 90 |
|     Amoklauf | 95 |
| Einige Bemerkungen zu den Begleitungen | 101 |
| Vertrauen gewinnen zu den inneren aggressiven Kräften | 103 |
| Anhang | |
|     Menschen in ihren inneren Erfahrungen begleiten | 110 |

# Ein Buch über Aggression, Gewalt und Zerstörung?

Jeden Tag gibt es Nachrichten über Aggression und Gewalt auf der Erde. Da sind Mörder, Amokläufer und Terroristen. Da sind aber auch die in einigen totalitären Staaten geförderten Gewalttäter.

Es ist jedem verantwortlichen Menschen bewusst, dass die aggressiven Kräfte wie zum Beispiel Ärger, Wut, Hass, Gewalt und Zerstörung in der äußeren Welt großen Schaden und viel Leid verursachen können.

Deswegen gibt es im menschlichen Zusammenleben eine entsprechende Moral und viele Gesetze, die das Ausleben dieser Kräfte verbieten und bestrafen. Man muss demnach seine Aggressivität so weit unter Kontrolle halten, dass man niemanden beleidigt, angreift, verletzt oder tötet und auch keinen materiellen Schaden anrichtet.

Wie ist es aber mit diesen Kräften im eigenen Inneren? Dort gibt es ja auch Bilder oder Vorstellungen von Aggression, Gewalt und Zerstörung. Jeder Mensch hat schon geträumt, angegriffen zu werden. Meistens wachen die Menschen mit Angst auf und freuen sich, dass sie sich der Bedrohung entziehen konnten. Jeder Mensch hat im Traum oder in Gedanken auch schon Gewaltfantasien erlebt. Die meisten verbieten sich solche Bilder oder Gedanken, weil sie keinen Schaden anrichten wollen.

Denn in unserer westlichen Welt glaubt fast jeder, dass er auch im eigenen Inneren Gewalt und Zerstörung vermeiden und unter Kontrolle halten muss wie in der äußeren Welt. Die aggressiven und zerstörerischen inneren Kräfte werden als sehr negativ, ja sogar als böse bewertet.

Die Gleichsetzung von äußerer und innerer Welt entsteht durch den unbewussten Umgang mit dem eigenen Inneren. Die meisten Menschen bei uns sind mit ihrem eigenen Inneren weitgehend unvertraut. Viele glauben sogar, dass sie nur in der physischen Ebene existieren und dass Seele und Geist unbedeutend oder nicht vorhanden sind.

Solche Vorstellungen führen dazu, dass man wenig Beziehung und Vertrauen in das eigene Innere hat. So fürchtet man sich vor unangenehmen Gedanken und Gefühlen, die man als negativ oder schlecht bewertet. Man versucht, das „Negative", „Falsche" oder „Böse" zu vermeiden und zu unterdrücken. Das macht es fast unmöglich, sich mit derartigen Vorgängen zu beschäftigen und sie als etwas Eigenes kennen zu lernen.

In diesem Buch ermutige ich, die eigene innere Welt in inneren Erfahrungen kennen zu lernen. Ich nenne diesen Weg: „Innere Erfahrungen".

Seit 1980 lebe und vermittele ich diesen inneren Weg. Seitdem habe ich unendlich viele Erfahrungen mit mir und mit Tausenden von Menschen gemacht, die ich einzeln oder in Gruppen begleitet habe. In mir und auch in den anderen Menschen ist eine tiefe Beziehung und größeres Vertrauen zu sich selbst entstanden.

Über meine Erfahrungen habe ich inzwischen fünf Bücher geschrieben. In ihnen schildere ich viele der inneren Erfahrungen, die ich mit mir und anderen Menschen gemacht habe. Dabei sage ich dem Leser nicht, wie er ist oder wie er sein sollte. Ich ermutige vielmehr, eigene innere Erfahrungen zu machen. Das sind bewusste Experimente mit dem Körper, mit den Gefühlen, mit dem eigenen Geist, seinen Gedanken und Erinnerungen. Im ersten Kapitel dieses Buches stelle ich diesen inneren Weg kurz dar.

Alles, was ich in meinen Büchern vermittle, beruht auf authentischen Erfahrungen mit mir selbst und den Menschen, die zu mir gekommen sind. Die Bücher sind so geschrieben, dass man auch ohne äußere Helfer sofort beginnen kann, innere Erfahrungen mit sich selbst zu machen.

Ich habe meine inneren Erfahrungen in einer schwierigen Lebenphase ohne einen Lehrer begonnen. Nach den ersten Experimenten war ich sehr neugierig. Gleichzeitig hatte ich viel Angst vor der unbekannten inneren Welt. Schon sehr bald kamen Menschen zu mir zu Einzelbegleitungen und zu Gruppenveranstaltungen. Das hat meine Erfahrungen außerordentlich vertieft, weil mir ständig Themen ins Haus gebracht wurden, mit denen ich mich noch nicht beschäftigt hatte.

Mir wurde im Laufe der Zeit bewusst, das eines der schwierigsten Themen der innere Umgang mit den eigenen aggressiven Kräften ist. Es gibt bei uns so viele Vorurteile und krasse Bewertungen, die es fast unmöglich machen, innerlich unbefangen mit diesen großen Energien umzugehen.

Ich erlebte immer wieder, dass die übliche unbewusste (aggressive) Abwehr dieser Kräfte im Inneren (und im Äußeren) zu sehr großen Problemen führen kann. Das hat mich ermutigt, in vielen Experimenten offen mit diesen inneren Kräften umzugehen.

Danach habe ich viele Menschen ermutigt, sich den eigenen aggressiven und bedrohlichen Kräften im Inneren auszuliefern, soweit wie es ihnen möglich ist.

Daraus entsteht ein völlig anderer Umgang mit diesen starken Energien. Man kann viel Vertrauen zu ihnen gewinnen und im Frieden mit sich selbst und mit anderen Menschen leben.

---

In diesem Buch schildere ich dramatische innere Erfahrungen mit den eigenen aggressiven Kräften, die bei einigen Lesern Angst und Abwehr auslösen können. Ich bin ein verantwortlicher Mensch. Ich würde nie Menschen zu solchen Erfahrungen ermutigen, wenn jemand danach sich oder andere geschädigt hätte.

# Die innere Welt

In jedem Menschen gibt es „das Reich, das nicht von dieser Welt ist." Das ist das unermessliche Reich des eigenen Geistes, der eigenen Gefühle und der inneren Beziehungen zum physischen Körper. Diese innere Welt kann man auch die „Seele" oder das „Wesen" des Menschen nennen. Jeder lebt immer in dieser inneren Welt, ob er sich dessen bewusst ist oder nicht. Der Zugang zu diesem Teil des Menschen ist außerordentlich einfach, bei uns jedoch weitgehend verloren gegangen. Der Zugang entsteht in der Achtsamkeit und der Bewusstheit.

*In der Welt des eigenen Geistes gibt es alles Denkbare und Vorstellbare*

- Da sind zum Beispiel Gestalten, die so aussehen wie Menschen, die man kennt. Vielleicht sieht man einen Menschen, an dem man gelitten hat. Ebenso kann man aber auch einen liebevollen Menschen sehen, den man vermisst, weil er von der Erde gegangen ist.
- Es gibt Verhaltensweisen wie in der äußeren Welt. Man kann miteinander sprechen, man kann jemanden berühren oder sich berühren lassen. Man kann liebevoll miteinander umgehen oder man kann sich streiten.
- Dann gibt es alle die unermesslich vielen Erinnerungen, die bei bestimmten Anlässen ins Bewusstsein kommen.
- Es gibt sehr beglückende Zustände und Kräfte, aber auch sehr bedrohliche und zerstörerische Kräfte, die man zum Beispiel in Albträumen erfahren kann.
- Da sind Tiere und Pflanzen, Landschaften, der Himmel, die Sonne und das Universum.
- Da gibt es Geräte und Waffen, die man sehen und benutzen kann.

- Im Geist finden auch die Begegnungen mit dem eigenen Körper statt. Wenn man zum Beispiel sein Herz besucht, geht es nicht um das physische Organ. Das „innere" Herz kann zum Beispiel eine Herzform mit Gesicht und Armen und Beinen sein.
- Im Geist kann man den eigenen Gefühlen begegnen. Man spürt ihre Energien, kann sich von ihnen berühren lassen. Viele Menschen sehen Gefühle als Gestalten. So tritt die Trauer häufig als eine dunkel verhangene Frau auf. Wenn man sich ihr freundlich zuwendet, öffnet sie ihren Schleier und lächelt.
- Da ist alles Mögliche, was es auf der Erde nicht (mehr) gibt. Im eigenen Geist laufen immer noch Dinosaurier herum. Dort gibt es auch menschliche oder tierische Monster, wie man sie in Horrorfilmen betrachten kann.
- Dort gibt es auch die religiösen Gestalten, nach denen man sich sehnt und an die man seine Gebete richtet. Als Christ findet man Jesus und seine Jünger. Mit Erstaunen und Angst kann man aber auch dem Teufel begegnen. Als Hindu erlebt man den ganzen Götterhimmel mit all den Gestalten, die viele Aspekte der inneren Welt darstellen, mit denen man sich vertrauter machen kann. Es gibt dort auch den Gevatter Tod, nach dem sich Menschen manchmal sehnen. Religion spielt sich ganz im eigenen inneren Reich ab, „das nicht von dieser Welt ist."

So ist der menschliche Geist. Man kann ihn bewusst wahrnehmen. Man kann sich aber auch Gedanken machen, indem man sich etwas vorstellt oder etwas fantasiert.

## *Innen und außen*

Man kann im eigenen Geist alles sehen und erleben, was es in der physischen Welt gibt. Das lässt Menschen glauben, dass außen und innen übereinstimmen und dass man sich in der inneren Welt so verhalten muss wie außen.

Treibt man im Traum im Meer und droht unterzugehen, schrickt man voller Angst und schweißgebadet ins Wachbewusstsein und freut sich, sein Leben gerettet zu haben.

Aber zwischen innen und außen gibt es einen großen Unterschied: Das ist der physische Körper, den wir brauchen, um auf der Erde leben und Erfahrungen machen zu können.

Der Körper benötigt bestimmte Lebensbedingungen wie Luft zum Atmen und Nahrung zum Überleben. Er ist sehr empfindlich und muss vor vielen Bedrohungen geschützt werden, um nicht geschädigt oder gar getötet zu werden. Der Körper darf nicht ungeschützt im Wasser untergehen, er darf nicht ins Feuer fallen, er darf nicht aus großer Höhe stürzen und er darf nicht von einem Auto angefahren werden. Er muss geschützt werden vor dem Angriff von Tieren oder Menschen. Er darf nichts zu sich nehmen, was für ihn giftig ist. Das wissen die Menschen und so verhalten sie sich meistens.

Wenn man dagegen im Traum oder in Gedanken seinen Körper wahrnimmt, ist es ein Vorgang im eigenen Geist. Dort können sich Bilder oder Vorstellungen verändern, ohne dass etwas Physisches geschädigt oder zerstört wird. Man kann zum Beispiel träumen, dass man im Meer untergeht, darin ertrinkt und als Leiche dahin treibt. Wenn man danach erschreckt aufwacht, ist der physische Körper genauso lebendig, wie er vorher war. Der „Tod" im inneren Wasser hindert nicht, sich anschließend vorzustellen, ganz lebendig am Ufer zu stehen und das Wasser zu betrachten. Man kann sich sogar vorstellen, dass man am Ufer steht und sich gleichzeitig als Leiche im Wasser treiben sieht.

So können im Geist alle Vorgänge betrachtet und erlebt werden, die in der äußeren Welt gefährlich oder tödlich sind. In uns gibt es dramatische Bilder von Gewalt und Zerstörung, die aber weder in der inneren noch in der äußeren Welt Schaden anrichten.

Das ist bei uns leider weitgehend unbekannt. Auch manche Therapeuten und Psychiater sind mit der inneren Welt so wenig vertraut, dass sie Patienten nicht ermutigen können, die bedrohlichen oder zerstörerischen inneren Kräfte zu betrachten und zuzulassen. Man versucht, den Patienten vor den gefürchteten Bildern oder Energien zu bewahren.

Wie weit man in inneren Erfahrungen mit derartigen Bedrohungen und Zerstörungen gehen kann, schildere ich in diesem Buch im Kapitel „Innere Gewalterfahrungen in Einzelbegleitungen."

## *Bewusst innere Erfahrungen machen*

Jeder Mensch macht seit seiner Geburt unendlich viele Erfahrungen: mit Menschen und Tieren, mit Orten und Gegenständen wie auch mit seinen eigenen Reaktionen und Verhaltensweisen. Solche Erfahrungen gehören zum Menschen. Sie tauchen immer wieder als Erinnerungen auf und prägen seine Anschauungen und sein Verhalten innen und außen.

Die meisten Erfahrungen entstehen, ohne dass der Mensch es merkt. Trotzdem lernt er dabei - meistens unbewusst - bestimmte Reaktionen, die später hilfreich sein können, die sich aber auch zwanghaft und leidvoll durch das Leben ziehen können.

Es ist sehr interessant, dass man lernen kann, persönliche innere Erfahrungen achtsamer und bewusster zu erleben. Das ist sehr einfach, bei uns aber auch sehr unvertraut.

Man macht zum Beispiel innere Erfahrungen, wenn man einen Augenblick lang bewusst einem Vogel zuhört, der gerade vor dem Fenster singt. Man kann achtsam wahrnehmen, was der Gesang in einem auslöst. Vielleicht fühlt man sich wohl, vielleicht kommt eine angenehme Erinnerung ins Bewusstsein. Man wird sich bewusst, dass sich die Reaktion ganz und gar im eigenen Inneren abspielt. Es ist das eigene Wohlbefinden und die eigene angenehme Erinnerung.

Der Vogel ist in der äußeren Welt. Er singt nicht, damit man sich wohl fühlt. Man macht daraus eine eigene Erfahrung, wenn man sich entschließt, sich von außen berühren zu lassen. Man nimmt den Gesang und die daraus entstandene Reaktion im eigenen Inneren wahr. Dabei lernt man sich innerlich kennen und wird vertrauter mit sich. So einfach ist es.

Im Folgenden stelle ich solche Schritte auf dem Weg innerer Erfahrungen ausführlich dar:

- Man entschließt sich, etwas bewusst wahrzunehmen, was gerade außen oder innen deutlich wird.
- In dieser Achtsamkeit merkt man, wie man innerlich auf das Wahrgenommene reagiert. Vielleicht kommen Gefühle auf, vielleicht erinnert man sich an etwas.
- Man wird sich bewusst, wie man innerlich auf die eigenen Gefühle oder Erinnerungen reagiert. Wenn unangenehme Gefühle

aufkommen, kann es sein, dass man sofort in Abwehr geht.
- Man macht sich bewusst, dass alles im eigenen Inneren geschieht, unabhängig davon, ob man sich am Anfang etwas Äußerem oder etwas Innerem zugewendet hat.
- Um die Beziehung zu vertiefen, kann man das, was in einem deutlich geworden ist, als ein „Gegenüber" ansehen, mit dem man kommunizieren kann. Man kann dem Gegenüber eine Gestalt geben und sich zum Beispiel die Freude als eine fröhliche Gestalt vorstellen. Und die Angst kann man sich als dunkel und bedrohlich vorstellen. Aber auch, wenn kein Bild deutlich wird, kann man den Kontakt zum - gedachten - Gegenüber aufnehmen.
- Es ist sehr hilfreich, das Gegenüber (laut oder leise) anzusprechen. Zeigt sich einem zum Beispiel die Freude, sagt man: „Freude, ich genieße dich." Wenn einen die Angst berührt, kann man sagen: „Angst, du bist mir nicht angenehm. Du gehörst aber auch zu mir."
- Es geschieht sehr häufig, dass das Wahrgenommene und Angesprochene reagiert. Vielleicht zeigt sich die Freude als Gestalt, die sagt: „Wie schön, dass du mich ansprichst." Selbst die Angst, zu der man bisher wenig Beziehung und Vertrauen hatte, kann recht erträglich aussehen und sich über die Zuwendung freuen. Das Wahrgenommene kann durch Worte reagieren, aber auch durch einen Augenblick der Stille oder durch Wärme. Wenn man zum Beispiel sagt: „Nieren, ich denke an euch. Ich freue mich, dass ihr so gut für mich arbeitet," ist es möglich, dass die Nierengegend warm wird. Mit solchen Antworten erlebt man etwas, nach dem man sich vielleicht schon lange gesehnt hat: Man wird gehört und verstanden.
- Man kann den Kontakt weiter vertiefen, indem man eine innere Gestalt berührt oder sich von ihr berühren lässt. Man kann sagen: „Freude, nimm mich in deine Arme." Vielleicht spürt man dann eine warme, angenehme Umarmung. Die kommt von innen. Von einem eigenen Gefühl, zu dem man eine Beziehung aufgenommen hat.
- Was ich bisher geschildert habe, kann man auf alle inneren Vorgänge oder Zustände anwenden. Man kann zu jedem Gefühl

Kontakt aufnehmen, ganz unabhängig davon, ob es angenehm ist oder nicht. Man kann alle Vorgänge und Zustände im Geist wahrnehmen, wie Gedanken, Erinnerungen, innere Gestalten, Träume und Fantasien. Und man kann eine bewusstere Beziehung zum Körper gewinnen mit allen seinen Teilen, Organen und Energien.

- Im Laufe derartiger innerer Erfahrungen wird einem auch bewusst, wie hemmend und leidvoll die bei uns üblichen Bewertungen sind. Wenn man zum Beispiel seine Angst als negativ oder böse bewertet, versperrt man sich den Zugang zu diesem Gefühl. Dass manche Gefühle unangenehm sind, bedeutet nicht, dass man sie abwehren oder gar überwinden muss. Nimmt man so wie eben geschildert Beziehung zur Angst auf, wird man sie kennen lernen, wie sie wirklich ist. Meistens ist sie immer noch nicht angenehm, aber sie reagiert freundlich auf die Hinwendung. So kann man endlich erfahren, dass Angst in manchen Situationen notwendig und hilfreich ist.

- In diesem Umgang mit sich selbst gibt es keine Grenzen. Man kann nicht nur zur Angst Vertrauen gewinnen, sondern auch zu den bei uns fast immer bekämpften inneren Zuständen wie Depression, Psychose, Gewalt und Zerstörung. Das gilt auch für bedrohliche innere Bilder und Erinnerungen. Ich ermutige körperlich kranke Menschen, ihre Krankheit oder Verletzung zu besuchen, um auch mit ihnen Kontakt aufzunehmen. Wenn es jemand zulassen kann, besucht er auch seinen Krebs.

- Auf diesem inneren Wege stehen am Anfang oft die schwierigen und leidvollen Aspekte im Vordergrund. Denn die meisten Menschen fangen an zu suchen, weil es ihnen schlecht geht. Man kann jedoch auch erfahren, dass es im Inneren all die angenehmen, beglückenden Zustände und Vorgänge gibt, nach denen man sich sehnt. Da findet man Freude, Glück, Geborgenheit, Zufriedenheit, Vertrauen und Liebe. Oft kommen solche Gefühle ins Bewusstsein, nachdem man sich gerade einem schwierigen Zustand zugewendet hat.

- Die intensivste Form von Beziehung nach innen ist die Hingabe oder das Sichanvertrauen. Hat man zum Beispiel Kontakt zu seiner Angst aufgenommen und gemerkt, dass sie erträglich ist, kann man sagen: „Angst, ich versuche jetzt, mich dir anzuvertrauen." Man kann sogar sagen: „Angst, du kannst mit mir machen, was du willst." Das fällt den meisten Menschen sehr schwer. Sie denken an das Sichausliefern in der äußeren Welt. Ich ermutige sie, sich bewusst zu werden, dass sie sich an eigenes Inneres hingeben. Manchmal ist die Reaktion des Gefühls dramatisch. Vielleicht wird man ohne Vorwarnung von der Angst erwürgt. Nach dem Schock merkt man, dass man nicht getötet oder geschädigt worden ist, sondern befreit durchatmen kann. In solchen Erfahrungen gewinnt man unglaublich viel Vertrauen zu sich selbst. Manchmal entsteht eine erstaunliche Erlösung von Angst, Abwehr und Leiden.

- Im Laufe der Erfahrungen wird einem bewusst, dass man immer ganz „bei sich selbst ist." Ob man gerade einem Vogel bewusst zuhört und sich daran erfreut oder ob man bewusst seine innere Stille wahrnimmt und genießt. Von außen werden wir in uns selbst berührt. Die äußere Welt ist nicht die Ursache für die eigenen inneren Reaktionen. Die Ursache für eigene Gefühle ist, dass wir die Gefühle immer in uns haben, auch wenn sie nicht im Bewusstsein sind. Die äußere Welt löst Gefühle in uns aus. Wenn man sie bemerkt, kann man Beziehung zu ihnen aufnehmen, um sich mit ihnen vertrauter zu machen.

- Bei uns glauben jedoch viele Menschen, dass die Gefühle durch äußere Umstände verursacht werden. Ein liebevoller Mensch soll die Ursache für das eigene Wohlbefinden sein. Nur bei ihm kann man sich so wohl fühlen. Der Mensch kann sich aber nur wohl fühlen, weil er das Wohlbefinden in sich hat. Der liebevolle Mensch ist nicht die Ursache für das Wohlbefinden, sondern er löst das Wohlbefinden aus, das der Mensch schon immer in sich hatte. Jetzt kommt es ins Bewusstsein. Die Ursache für das Wohlbefinden liegt im Menschen selbst, der sich wohl fühlt. Er spürt sein eigenes Wohlbefinden. Wer das nicht weiß, macht sich von der äußeren Welt abhängig: Soll es einem gut gehen, sucht man die entsprechende äußere Umgebung. Fühlt man sich nicht wohl, muss man die äußere Welt oder den äußeren Menschen solange verändern, bis es einem besser geht.

- Das Wesentliche dieses inneren Weges ist die ganz persönliche eigene Erfahrung. Es nützt wenig, nur zu glauben, was man von anderen Menschen liest oder hört. Was ich - auch in meinen Büchern - vermittele, sind Ermutigungen, mit sich selbst eigene innere Erfahrungen zu machen. Nur dadurch lernt man sich wirklich kennen. Und nur dadurch gewinnt man das Vertrauen, mit dem, was es in einem gibt, offener zu leben. Es entfaltet sich eine unvorstellbare, vielfältige, bunte und lebendige innere Welt, die - ganz individuell - in jedem Menschen existiert.
- Irgendwann wird man sich seiner inneren „Vollkommenheit" bewusst. Man merkt, dass alles in einem ist, ob man es wahrnimmt oder nicht. Sich auf einem inneren Weg kennen zu lernen und sich vertrauen zu können, verändert die eigene Weltanschauung und wirkt bis in den physischen Körper hinein. Es führt zu einem inneren Frieden, der es möglich macht, friedlich mit anderen Menschen und äußeren Bedingungen zu leben.
- Für mich ist dieser Weg innerer Erfahrungen nicht „Therapie" im bei uns üblichen Sinne, sondern ein spiritueller Weg in „das Reich, das nicht von dieser Welt ist". Es ist der Kern einer Religion, nämlich die Mystik. Die ist bei uns leider weitgehend vergessen worden.

Der innere Weg beginnt mit Augenblicken der Achtsamkeit und Bewusstheit. Es reicht völlig aus, sich manchmal am Tage bewusst wahrzunehmen.

Wenn man zum Beispiel beim Einkaufen merkt, dass man unbehindert zu Fuß gehen kann, denkt man an seine Beine und sagt: „Beine, ich freue mich, dass es euch so gut geht und dass ihr mich überall hinbringt."

Ein paar Stunden später spürt man vor dem Fernseher bei einem dramatischen Bericht in den Nachrichten, dass man sich ganz hilflos und unwohl fühlt. Man kann sich bewusst machen, dass es die eigene Hilflosigkeit ist, die von den Bildern und Worten in den Nachrichten ausgelöst wird. Man lässt zu, dass man sich nicht wohl fühlt, wendet sich dem unangenehmen Gefühl zu und sagt: „Hilflosigkeit, ich spüre dich. Ich fühle mich nicht wohl mit dir. Aber du gehörst zu mir."

Wenn ein Mensch anruft, den man gerne mag, kann man sich bewusst werden, dass man sich freut. Man kann mit dem angenehmen Menschen sprechen und nach dem Telefonat sagen: „Freude, du bist auch in mir. Ich genieße dich."

Und wenn einem nach einer Woche bewusst wird, dass man diese Achtsamkeit gar nicht mehr praktiziert hat, kann man sagen: „Unbewusstheit, du gehörst auch zu mir." Dann freut sich die Unbewusstheit, dass sie freundlich angesprochen wird.

Mir ist bewusst, dass solche Verhaltensweisen und inneren Beziehungen den meisten Menschen bei uns ganz unvertraut sind und häufig als nicht normal gelten. Wie verhält sich ein „normaler" Mensch, wenn ich ihm erzähle, dass ich meiner Hilflosigkeit innerlich begegnet bin und mit ihr gesprochen habe? Ich vermute, er denkt, dass ich ziemlich gestört bin. Vielleicht empfiehlt er mir sogar, einen Therapeuten oder Psychiater aufzusuchen, um wieder normal zu werden.

Solche Reaktionen hindern mich jedoch nicht, diesen inneren Weg weiter zu gehen und die vielen Menschen, die zu mir kommen, zu inneren Experimenten zu ermutigen. Wer das jedoch als verrückt und unerträglich empfindet, sollte sich nicht mehr mit diesen inneren Erfahrungen beschäftigen. Es gibt viele andere Möglichkeiten, mit sich vertrauter zu werden.

## *Bewusstes Verhalten*

Im Folgenden skizziere ich die mögliche Entwicklung der Vorstellungen und Verhaltensweisen eines Menschen, der achtsamer und bewusster mit sich lebt und sich dabei auf allen Ebenen besser kennen lernt:

- Er ahnt oder weiß, dass er mehr ist als der physische Körper. Er empfindet sich eingebunden in einen größeren Zusammenhang. Mir hat einmal eine moslemische Frau gesagt: „Gott hat mich geschaffen. Er führt mich durch mein Leben. Er schenkt mir das Angenehme, wofür ich mich bei ihm bedanke. Er gibt mir aber auch das Unangenehme und das Leid. Dann geht es mir nicht gut. Aber ich weiß, dass Gott sich nicht irrt." Man kann eine ähnliche Haltung auch ohne ein spezielles religiöses Fundament leben, wenn man sagt: „Ich bin ein Wesen oder eine Seele. Ich lebe von innen her und mache auf der Erde die Erfahrungen, die mir entsprechen oder die mir meine Seele ausgesucht hat. Das kann angenehm oder unangenehm sein. Ich bin immer bei mir selbst. Mein Körper, meine Gefühle, meine Gedanken und Erinnerungen gehören untrennbar zusammen, solange ich auf der Erde lebe.

- Er wendet sich der inneren Welt zu: durch Achtsamkeit, Meditation, innere Erfahrungen, bewusste Experimente oder durch Glauben an religiöse Überlieferungen.
- Er wird sich öfter seiner inneren Zustände und Vorgänge bewusst: im Körper, bei Gefühlen, Erinnerungen und Gedanken.
- Ihm wird zunehmend bewusst, das alles Wahrgenommene in ihm stattfindet: „Die Ursache für das, was ich spüre, liegt ganz in mir. Äußere Vorgänge oder Zustände sind nicht die Ursache für meine Gefühle, sondern sie bringen Gefühle in mein Bewusstsein, die immer in mir sind. Wenn ich diese Gefühle nicht in mir hätte, könnte ich sie nicht spüren."
- Ihm wird bewusst, dass Gefühle lebendige Kräfte der inneren Welt sind. Sie sind immer vorhanden in der Vollkommenheit der Seele, auch wenn man sie nicht spürt. Daher kann man Gefühle nicht verlieren (zum Beispiel das Vertrauen). Man kann jedoch auch Gefühle nicht überwinden oder beseitigen (zum Beispiel die Angst). Sie werden nur aus dem Bewusstsein verdrängt. Im Inneren leben und wirken sie weiter.
- Ähnlich ist es mit geistigen Vorgängen wie zum Beispiel Gedanken, Erinnerungen, Vorstellungen, Fantasien und Bildern. Sie sind lebendige fließende Energien der inneren Welt. Sie sind immer in einem, auch wenn man sie nicht spürt. Solche geistigen Vorgänge können ebenfalls durch äußere Vorgänge ins Bewusstsein kommen.
- In inneren Erfahrungen vertieft der achtsame Mensch den Kontakt, indem er das Wahrgenommene innerlich oder laut anspricht.
- Er erlebt, dass durch die Wahrnehmung und das Hinsprechen ein „Gegenüber" deutlich wird. Von dort können Antworten kommen: Worte, Wärme, Erleichterung, Ruhe.

- Er gewinnt Vertrauen zu diesen inneren Beziehungen. Sie werden selbstverständlicher und häufiger.
- Er macht - eventuell vorsichtig und mit Angst - Experimente in der inneren Welt mit Angst, Trauer, Hilflosigkeit, Unzufriedenheit, aber auch mit Ruhe, Zufriedenheit und Geborgenheit.
- Er macht die überraschende Erfahrung, dass bedrohliche oder unangenehme Vorgänge meistens nicht schlimmer werden, sondern erträglicher, wenn er sich ihnen innerlich zuwendet.
- Er gewinnt zunehmend Vertrauen zu den unangenehmen, schwierigen, leidvollen und bedrohlichen inneren Vorgängen und Zuständen.
- Er hört weitgehend auf, solche inneren Vorgänge oder Zustände als negativ, schlecht oder böse zu bewerten.
- Ihm wird bewusst, dass alles in ihm zusammengehört.
- Er wird neugieriger und mutiger im Umgang mit seiner inneren Welt.
- Er beginnt, sich zu wundern, wie unbewusst er bisher mit sich umgegangen ist. Er erkennt die große und selbstverständliche Unbewusstheit in unserer westlichen Welt.
- Er genießt sein Vertrauen, auch an bedrohliche und zerstörerisch wirkende Vorgänge und Zustände herangehen zu können und lernt dabei vitale Energien kennen, die im Inneren und Äußeren keinen Schaden anrichten. Er macht Experimente, sich an bedrohliche Gefühle und Vorgänge auszuliefern.
- Er erlebt einen großen Schub an Selbstvertrauen und Gelassenheit, wenn er erfährt, dass er sich innen vor nichts mehr schützen muss.
- Er fühlt sich innerlich - auch in seinem Körper - eins. Ihm stehen im inneren und äußeren Leben viele Energien friedlich zur Verfügung.
- Ihm wird bewusst, dass jeder Mensch eine Seele auf ihrem eigenen Wege ist. Er kann sich auf seinem Wege immer mehr lassen, wie er ist. So kann er andere auf ihrem Wege immer mehr lassen, wie sie sind.
- Er begreift den Satz „Liebe deinen Nächsten wie dich selbst."

## Zum Vergleich:
## das bei uns häufige unbewusste Verhalten

Im Folgenden versuche ich, die in meinen inneren Erfahrungen gefundenen wesentlichen Vorstellungen und Eigenschaften unbewusster Menschen darzustellen. Dabei konzentriere ich mich auf die Aspekte, die etwas mit dem inneren Umgang unbewusster Menschen zu tun haben.

Häufig findet man folgende Vorstellungen:
- Die äußere, physische Welt ist die eigentliche Realität. Der Mensch ist ein physisches Wesen. Er entsteht durch den Körper und vergeht wieder mit dem Tod des Körpers. Außer in der physischen Existenz empfindet man sich nicht in irgendeinem größeren Zusammenhang. Man zweifelt oder glaubt nicht, dass es eine Seele oder einen inneren Kern des Menschen gibt. Viele Menschen sind nicht mehr religiös gebunden.
- Innere Vorgänge und Zustände wie Gefühle, Gedanken und Erinnerungen werden oft sehr unbewusst gelebt und gelten als nicht so real und wesentlich wie die irdischen Vorgänge und Zustände. Gefühle und Gedanken haben ihre Ursache in der äußeren Welt, zum Beispiel im Verhalten eines anderen Menschen. Wenn er liebevoll ist, schenkt er einem (seine) Liebe und Geborgenheit, die man genießen kann. Wenn der andere Mensch sich abweisend verhält, ist er die Ursache von Enttäuschung und Unzufriedenheit.
- Gefühle kommen und gehen. Wenn man sie nicht mehr spürt, sind sie vergangen. Wenn man zum Beispiel große Angst hat, ist das Vertrauen verloren gegangen. Man muss sich bemühen, es wiederzufinden. Durch entsprechendes Verhalten kann man seine Angst unter Kontrolle bringen oder sogar überwinden. So wird man von der Angst befreit.
- Die meisten Gefühle werden bewertet. Das Angenehme ist positiv, gut oder richtig. Das Unangenehme oder Bedrohliche ist negativ, schlecht, falsch, vielleicht sogar böse. Natürlich will man nur das Positive leben und das Negative oder Böse vermeiden oder überwinden. Das ist bei uns so selbstverständlich, dass man sich einen anderen Umgang kaum vorstellen kann.

- Daher muss man sich ständig um seine Gefühle kümmern. Wenn es einem gut geht, muss man versuchen, den positiven Zustand aufrechtzuerhalten, indem man zum Beispiel bei dem liebevollen Menschen bleibt. Wenn es einem schlecht geht, muss man den negativen Zustand vermeiden oder überwinden, indem man sich zum Beispiel von einem lieblosen Menschen zurückzieht.
- Geistige Vorgänge und Zustände wie zum Beispiel Gedanken, Erinnerungen, Vorstellungen und innere Bilder werden ähnlich bewertet und behandelt. Auch sie sollen ihre Ursache meistens in der äußeren Welt haben. So ist zum Beispiel eine schöne Umgebung die Ursache für angenehme Erinnerungen, mit denen man sich wohl fühlt. Und die Nachricht von einem Unglück führt zu sorgenvollen Gedanken, die man schwer ertragen kann und nicht haben will. Es gilt, positive Gedanken oder Erinnerungen zu suchen und zu erhalten und negative Gedanken zu vermeiden und zu verdrängen.
- Das läuft meistens unbewusst ab. Oft spürt man seine Gefühle oder Gedanken nicht direkt. Man merkt jedoch, dass man sich wohl fühlt oder dass es einem schlecht geht. Darauf reagiert man, indem man versucht, das Wohlbefinden aufrecht zu erhalten oder das Unangenehme zu verdrängen.
- Solche Bemühungen können dazu führen, dass man im ewigen Stress lebt, weil man das Angenehme festhalten und das Unangenehme loswerden will. Der Stress ist natürlich auch nicht angenehm und wird negativ bewertet. Dann muss man mit Anstrengung auch noch gegen der Stress kämpfen, um endlich stressfrei zu werden.
- Da man zu seiner inneren Welt kaum bewusste Beziehungen hat, kennt man sie nicht. Daraus kann die Vorstellung entstehen: „Wie innen, so außen" und „Wie außen, so innen". Das wird häufig so interpretiert, dass Außen und Innen gleichartig sind. Träumt man zum Beispiel, am Rande eines Abgrunds zu stehen, dann muss man ins Wachbewusstsein flüchten, um nicht abzustürzen und geschädigt zu werden. Träumt man von einer liebevollen Mutter, die einen anlächelt, dann sind „Träume nur Schäume". Die liebevolle Mutter ist ja nur eine Fantasie, denn die eigene Mutter, an der man gelitten hat, ist ganz anders. Und

denkt man zum Beispiel voller Wut daran, jemanden zu verprügeln, muss man solche bösen Gedanken sofort unterdrücken, um nicht auf den äußeren Menschen loszugehen.
- Obwohl der physische Körper nach den üblichen Vorstellungen das Wesentliche des Menschen ist, haben gerade unbewusste Menschen meistens wenig Beziehung und Vertrauen zu ihrem Körper. Der hat zu funktionieren, gesund zu sein und zu bleiben und Leistung zu bringen. Gibt es Probleme mit dem Körper, muss man sich bemühen, ihn wieder in Ordnung zu bringen. Die meisten Menschen glauben, dass Krankheiten oder andere leidvolle Symptome wenig oder nichts mit ihnen zu tun haben. Auch in der Medizin herrscht die Vorstellung, dass körperliche Probleme fast immer physische Ursachen haben. Die Psychosomatik wird in vielen Bereichen stiefmütterlich behandelt.
- Man glaubt zum Beispiel, dass man an Grippe erkrankt, weil man das Virus eingefangen hat, das natürlich von außen kommt. Das Grippevirus ist jedoch nicht die eigentliche Ursache der Erkrankung, sondern das eigene Immunsystem, das das Grippevirus nicht erledigen konnte. Der Zustand des Immunsystems hängt jedoch ganz wesentlich von vielen inneren Vorgängen und Zuständen ab, wie zum Beispiel Erschöpfung und Überforderung. Damit beschäftigt man sich leider wenig oder gar nicht.
- Wenn man glaubt, dass Gefühle, Gedanken und auch der Zustand des Körpers weitgehend von außen verursacht werden, macht man sich von der äußeren Welt abhängig. Man muss sich ständig mit ihr beschäftigen, um alles zu vermeiden, was unangenehm und negativ ist, und um alles zu bekommen, was angenehm und positiv ist. Das führt nicht nur zum Stress, sondern auch zu den unangenehmen Zuständen, in denen man sagt: „Ich bin gar nicht mehr bei mir selbst".

## *Bedrohliche, aggressive und zerstörerische innere Kräfte*

- Probleme mit den aggressiven Kräften beginnen, wenn man so unbewusst mit sich lebt, wie ich beschrieben habe. Die meisten Menschen haben ihr Leben lang gelernt, Angst, Trauer, Schwäche, Hilflosigkeit, Depression und viele andere unangenehme Gefühle zu ignorieren, zu verdrängen und zu bekämpfen. Dabei gelten Aggression, Gewalt und Zerstörung im Inneren als besonders negativ und gefährlich. Sie werden in manchen Religionen als das Böse bezeichnet, das man natürlich nicht leben darf. Im christlichen „Vaterunser" gibt es die Zeile: „Erlöse uns von dem Bösen".

- Die innere Abwehr kann sich direkt gegen bestimmte Gefühle richten. So verbietet man sich die Trauer mit dem Argument, dass andere Menschen sie nicht ertragen können. Man kämpft gegen seine Schwäche und Hilflosigkeit, damit man sich vor anderen Menschen nicht unfähig zeigt und nicht versagt. Nur wenige Menschen gestehen, dass sie Angst haben, fügen dann aber gleich hinzu, dass sie alles tun, um die Angst loszuwerden. Derartige Abwehr kann sich auch gegen ein allgemeines Unwohlsein richten, das aus mehreren „negativen" Gefühlen besteht.

- Den meisten Menschen wird dabei nie bewusst, wie aggressiv und gewalttätig sie sich vor sich selbst schützen. Da richten sich Lieblosigkeit, Kälte, Fremdheit, Feindschaft, Ablehnung, Widerstand, Unterdrückung, Verdrängung, Gewalt, Kampf und Überwindung gegen das „Negative", „Schlechte", „Falsche" und „Böse" im eigenen Inneren. Die Menschen benutzen in der unbewussten Abwehr genau die inneren aggressiven Kräfte, die sie negativ bewerten und die sie bekämpfen, um sie endlich zu überwinden.

- Ein Mensch sieht zum Beispiel im Fernsehen schreckliche Bilder aus einem Land, in dem ein Bürgerkrieg tobt. Da wird geschossen und gemordet. Der Zuschauer ist tief berührt in seiner Hilflosigkeit, Angst, Trauer und Wut. Er kann den Bericht nicht ertragen. Er unterdrückt und bekämpft die „negativen" Gefühle, um sich besser zu fühlen. Ihm wird nicht bewusst, dass er im Inneren gerade Krieg gegen seine Hilflosigkeit, Angst, Trauer und Wut führt.

- In solcher unbewusster Abwehr potenzieren sich die aggressiven Kräfte im Inneren. Man muss immer mehr gewalttätige Abwehr aufwenden, um die Aggressionen und die anderen „negativen"

Gefühle, die dabei aufkommen, unter Kontrolle zu bringen und zu halten. Aber je mehr Kraft man unbewusst in die Abwehr steckt, um so deutlicher und bedrängender werden die bekämpften Gefühle und inneren Zustände.
- Es entsteht ein leidvoller Teufelskreis, aus dem man nicht einfach herauskommen kann. Je mehr man sich bemüht, negative Gefühle zu bekämpfen, um so mehr kommen neue unangenehme Gefühle hinzu. Wenn man zum Beispiel merkt, dass trotz heftiger Abwehr die Angst nicht verschwindet, kommen Enttäuschung und Hilflosigkeit auf, die man auch nicht haben will. Man beginnt zu verzweifeln, was auch unerträglich ist. Es gibt depressive Momente, die einem noch mehr Angst machen. Das Leben wird zur Qual. Man fürchtet, dass alles zusammenbricht, wenn man die Kontrolle über sich verliert.
- Die unerträgliche Situation kann sich weiter verschlimmern, wenn körperliche Probleme hinzukommen. Der extreme Dauerstress der inneren Abwehr kann zu körperlicher Erschöpfung und Überforderung führen. Es kann Probleme mit dem Herzen geben wie Druckgefühle und Herzrasen und Bluthochdruck. Im Körper können Blockaden in Gelenken und in der Muskulatur deutlich werden. Man fühlt sich krank. Man lässt sich medizinisch behandeln, was aber oft nur zu geringen Verbesserungen und Erleichterungen führt.
- So empfindet man sich in einer aussichtslosen Situation, mit der man - nach eigener Überzeugung - wenig oder nichts zu tun hat. Man findet viele Gründe für das eigene Leid in der äußeren Welt. Da ist eine Partnerschaft, die nicht so verläuft, wie man es sich gewünscht hat. Da sind unerträgliche Erinnerungen an schwierige Menschen in der Kindheit und im späteren Leben. Da sind Probleme in der Arbeit mit einem ungerechten Chef und lieblosen Kollegen. Hinzu kommt die Angst vor Arbeitslosigkeit.
- Man nimmt Medikamente gegen körperliche Symptome, gegen Depression und ständige Unruhe. Man sehnt sich nach Zufriedenheit, Ruhe und ein bisschen Freude, die verloren gegangen sind. Gleichzeitig ist da eine tiefe Sehnsucht nach Erlösung von diesem großen Leid. Immer noch in der Hoffnung, das Unerträg-

liche zu besiegen, liest man Bücher mit Titeln: „Wie überwinde ich meine Depression?" oder „Angstfrei leben" oder „Der Weg aus dem Dunkel ins Licht". Auch das bringt nicht die ersehnte Ruhe, sondern verstärkt den Stress.
- Viele Menschen glauben, dass jemand anderer oder etwas Äußeres ihr Leid verursacht. Das kann dazu führen, dass man seine Abwehr auch nach außen richtet. In einem Nachbarschaftsstreit ist der Baum an der Grundstücksgrenze die Ursache, dass man sich immer neu ärgern muss und nicht mehr ruhig schlafen kann. Also muss der Baum verschwinden. In einer engen Beziehung hat der Partner Schuld, dass man enttäuscht und unzufrieden ist. Man setzt ihn unter Druck, sich zu verändern. Schreckliche Nachrichten sind die Ursache dass man sich hilflos und traurig fühlt. Man vermeidet solche Sendungen und Berichte. Man kann sie nicht ertragen.
- Manche Menschen werden hoffnungslos, wenn sie merken, dass da immer mehr unerträgliche Gefühle und Zustände in ihnen sind, die man auch mit aller Anstrengung nicht überwinden kann. Das kann zu Depressionen führen, die auch unerträglich und sogar bedrohlich sind. Man wird zunehmend lebensunfähig unter all diesen Belastungen. Manche ahnen, dass es irgendwo eine Erlösung aus diesem Elend gibt, nur nicht auf der Erde. Sie sehnen sich nach dem Tod. Damit wird das Leben noch unangenehmer, weil jetzt auch Schuldgefühle und noch mehr Ängste dazu kommen.
- Die inneren Abwehrhaltungen können jedoch auch zu Aggression und Gewalt führen. Wenn der Nachbar mit dem Baum uneinsichtig ist und man vor Gericht verloren hat, greift man zur Säge. Wenn der Partner nach den gut gemeinten Ratschlägen sich nicht ändert, wird man wütend und aggressiv. Im Extremfall verliert ein unbewusster Mensch die Kontrolle über seine Gewalt. Voller Hilflosigkeit versucht er „rasend vor Wut", die Ursachen seines unerträglichen Zustandes zu beseitigen. Er zerstört Gegenstände, er prügelt einen Menschen, er verletzt ihn, vielleicht tötet er ihn sogar.
- Solche Vorgänge laufen unbewusst in Sekunden ab. Es wird immer wieder berichtet, dass ein Gewalttäter nach seiner Tat

erleichtert und erlöst wirkt. Einen Augenblick lang glaubt er, dass er die Ursache seines Elends bekämpft oder vernichtet hat und sich damit vom Unerträglichen befreit hat. Ein Mensch mit einigermaßen intakten Moralvorstellungen wird jedoch nach einer derartigen Gewalttat große Schuldgefühle haben, wenn ihm bewusst wird, was er angerichtet hat, und dass er bestraft werden wird. Er erlebt dann, dass Angst, Schuldgefühle und Hilflosigkeit noch größer geworden sind. Es ist möglich, dass der Mensch dann Gewalt gegen sich selbst richtet und sich zu töten versucht.

## *Erlösung*

Das Leben kann sich verändern, wenn der Mensch mehr Beziehung und Vertrauen zu sich und seinem Leben gewinnt. Das kann geschehen durch religiöse Erfahrungen, in denen man sich in einem größeren Zusammenhang empfindet. Das kann auch in den vielfältigen Therapien geschehen. Es geschieht auch in den inneren Erfahrungen, in denen der Mensch sich besser kennen lernt und zu seiner inneren Welt durch eigenes Erleben Vertrauen gewinnt.

Ich habe sehr viele innere Erfahrungen mit mir und anderen Menschen gemacht. Daher weiß ich, dass ein wesentlicher Teil des Leidens durch den unbewussten Umgang mit sich selbst entsteht, so wie ich es eben - etwas dramatisch - geschildert habe.

Die irdische Instanz, die sich um die innere Welt des Menschen kümmert, um ihm eine Basis für sein Vertrauen zu geben, ist die Religion. Das ist auch im Christentum eindeutig angelegt durch die Worte Jesu: „Mein Reich ist nicht von dieser Welt." Jede lebendige Religion vermittelt die innere Welt durch wirkliche erlebte Erfahrungen in der Mystik. Priester sind Begleiter und Ermutiger in inneren Erfahrungen.

Die christlichen Kirchen vermitteln jedoch Vorstellungen über die innere Welt, die den Zugang schwierig machen. Da werden die Ebenen der äußeren und inneren Welten verwechselt. Die in der äußeren Welt erforderliche Moral wird auch der inneren Welt aufgeprägt. Es gibt strenge Bewertungen. Das „Gute" soll man suchen und erhalten. Gott ist der gütige Schöpfer. Das „Böse" ist unter anderem der Teufel als der Zerstörer. Das „Böse" muss man meiden, bekämpfen und überwinden.

Derartige krasse Bewertungen machen mir deutlich, dass in unserem westlichen Christentum die Praxis der Mystik - vor allem für Laien - weitgehend verloren gegangen ist. Deren Rolle haben in gewissem Umfang die Therapien übernommen.

Auf der Erde gibt es jedoch viele innere Wege oder Religionen, in denen man die innere Welt in ihrer Ganzheit lebt und vermittelt.

In manchen Religionen - wie zum Beispiel im Hinduismus - geschieht das im Tempel durch die Bilder der vielen Gottheiten, die alle (inneren) menschlichen Eigenschaften darstellen. Dort sieht man die Gottheiten der Freude und des Glücks und gleich daneben grimmige und bedrohliche Gottheiten der Gewalt und der Zerstörung.

In einer indischen Schrift habe ich dazu gelesen: „Shiva als Teil der göttlichen Trinität (Brahma - Vishnu - Shiva) manifestiert sich als der Zerstörer. Als solcher ist er jedoch auch Ursache der Schöpfung, denn ohne die Zerstörung des alten Zyklus kann keine neue Schöpfungsperiode entstehen. Brahma wirkt als Schöpfergott und Vishnu als Gott der Erhaltung. Die drei göttlichen Aspekte stellen die drei fundamentalen Kräfte der Natur dar, die es in der Welt gibt: Schöpfung, Erhaltung und Zerstörung. Shiva verkörpert Tamas oder die Tendenz zur Auflösung und Vernichtung."

Der Gläubige lernt, dass alle Kräfte im Inneren sinnvoll und richtig sind und zusammengehören. Wenn er die Gottheiten ansieht, sie anbetet, ihnen dankt oder sie um Hilfe bittet, ist es nichts anderes, als wenn er mit diesen Kräften in sich spricht.

In anderen Religionen wird in der Meditation die Praxis der inneren Erfahrung gelebt, wie zum Beispiel im Buddhismus. In der Achtsamkeit geht es um die Wahrnehmung dessen, was den Menschen gerade berührt, vor allem in der eigenen inneren Welt, zu der auch der eigene Körper gehört. Dabei gibt es keine - unbewussten - Bewertungen und Abwehrhaltungen.

Ich habe einmal mit einem sehr weisen tibetischen Geshe über meinen Umgang mit innerer Gewalt und Zerstörung gesprochen. Ich habe ihm erzählt, dass ich die aggressiven und zerstörerischen Kräfte innerlich auslebe und mich ihnen innerlich ausliefere. Und dass ich Menschen, die zu mir kommen, ermutige, auch so damit umzugehen.

Der buddhistische Lehrer hat mich milde lächelnd angesehen und gesagt: „Das machen wir auch. Das sind höhere tantrische Übungen. Man sollte nur vorher schon andere innere Erfahrungen gemacht haben, um darauf vorbereitet zu sein, was da alles geschehen kann."

Dieser Geshe kommt aus der Traditionen des Dalai Lama, der sicher einer der friedlichsten Menschen auf der Erde ist. Aber nicht, weil er seine aggressiven und zerstörerischen Kräfte innen unter Kontrolle hält, wie man das bei uns fordern würde. Der Dalai Lama weiß aus seinen jahrzehntelangen persönlichen religiösen Erfahrungen, dass auch die bedrohlichen, gewalttätigen und zerstörerischen Kräfte in die Vollkommenheit der inneren Welt gehören. Ich habe in einer Andacht mit ihm erlebt, dass er einige Gestalten des tibetischen Buddhismus aufgerufen hat mit den Worten: „Visualisiere diese Gestalt. Sie ist in dir selbst." Er nannte freundliche und liebevolle Gestalten, aber dann auch bedrohliche und zerstörerische. Aus dieser Gewissheit lebt der Dalai Lama in Frieden und Heiterkeit mit allem in sich. Deshalb kann er den Frieden und die Heiterkeit auch in die äußere Welt bringen.

# Beispiele zum aggressiven Verhalten von Menschen

Im folgenden Kapitel betrachte ich in einigen Beispielen Verhaltensweisen, die zu äußerer Aggression und Gewalt führen können. Es geht um Partnerschaften zweier Menschen. Und es geht um sehr interessante innere Aspekte der Gewalt in der Politik und in der Religion.

## *Partnerschaft zweier unbewusster Menschen*

Ein unbewusster Mensch hat wenig Beziehung zu seiner inneren Welt. Er glaubt, dass die Ursache seiner eigenen Gefühle und inneren Zustände weitgehend außerhalb von ihm ist. Er bewertet seine Gefühle - so wie es bei uns üblich ist - als positiv oder negativ. Er versucht, die unangenehmen, negativen Gefühle zu vermeiden und zu überwinden. Und er versucht, die angenehmen, positiven Gefühle zu gewinnen und zu behalten. Mit diesen Grundhaltungen lebt er mit anderen Menschen. Und jetzt sucht er einen Menschen für eine enge Beziehung in einer Partnerschaft. Er begegnet einem anderen unbewussten Menschen, der ebenfalls eine enge Beziehung sucht.

- Jeder der beiden Menschen, die sich begegnen, sehnt sich danach, in der Partnerschaft glücklich und zufrieden zu werden und sich geborgen und geliebt zu fühlen. Beide haben schon enge Beziehungen hinter sich, die manchmal sehr schwierig waren und mit Enttäuschung und Streit endeten. Beide haben Angst, dass das wieder geschehen kann. Sie sind sehr vorsichtig. Man trifft sich, ohne sich enger zu binden.
- Man lernt sich kennen und fühlt sich wohl und verliebt miteinander. Man freut sich, endlich den Menschen gefunden zu haben, nach dem man sich so lange gesehnt hatte. Man zieht zusammen, vielleicht heiratet man sogar. Das ist ein wichtiger Tag, der schönste im Leben. Man ist verliebt und glücklich und feiert mit seinen Freunden.

- Danach gibt es viele angenehme Zustände und Gefühle. Man genießt Gemeinsamkeit, Nähe, Berührungen und Sexualität. Beide sind glücklich, einander begegnet zu sein.
- Im Laufe der Zeit wird die Beziehung alltäglicher. Es gibt erste kleine Auseinandersetzungen, die man nicht gut ertragen kann, weil sie an frühere schwierige Beziehungen erinnern. Der andere Partner ist nicht mehr so aufmerksam und zugewandt. Er beteiligt sich nicht mehr so am alltäglichen Leben, wie man es erwartet hat.
- Es gibt Enttäuschungen, über die man aber nicht reden kann, weil man die Beziehung nicht kaputt machen will. Die Stimmung verschlechtert sich. Beide sind öfter gereizt. Sie denken häufiger an leidvolle Erfahrungen in früheren Beziehungen. Beide versuchen daran festzuhalten, dass es ihnen immer noch einigermaßen gut geht.
- Da jeder mit seinen eigenen unangenehmen Gefühlen nicht vertraut ist, versuchen beide, die negativen Gefühle gar nicht erst aufkommen zu lassen. Aber immer öfter spürt jeder Enttäuschung, Hilflosigkeit, Trauer und Wut. Man ahnt, dass man den falschen Menschen geheiratet hat. Die Stimmung ist unangenehm, man ist häufig am Rande von Aggression, was man auch nicht ertragen kann.
- Beide spüren den Druck, der auf ihnen lastet. Jeder glaubt, dass der andere die Ursache für die Krise ist. Er hat sich so unangenehm verändert. Er verhält sich lieblos und abweisend. Er zieht sich zurück und vermeidet eine Klärung. Es kommt zu Auseinandersetzungen, in denen jeder dem anderen Vorwürfe macht. Jeder fühlt sich hilflos und wütend, weil der andere nicht auf die Vorwürfe eingeht, sondern sie aggressiv abwehrt.
- Da stehen sich zwei Menschen mit ganz ähnlichen Gefühlen gegenüber. Jeder hat Erwartungen an den anderen. Beide können die unangenehmen Gefühle und Reaktionen des anderen nicht ertragen. Beide merken nicht, dass es ihnen ganz ähnlich geht. Keinem wird bewusst, dass er sich vor seinen eigenen „negativen" Gefühlen und Zuständen schützt: Enttäuschung, Unzufriedenheit, vor allem auch Hilflosigkeit und Wut. Hinter alledem

rumoren weitgehend unbewusst die früheren leidvollen und unerträglichen Erfahrungen mit anderen Partnern. herum.
- Jeder verwendet heftige Worte, um den anderen zu erreichen und zu verändern. Keiner merkt jedoch, dass der ganz bei seinen eigenen Gefühlen ist, die er nicht ertragen kann und die er innerlich aggressiv verdrängt und bekämpft. Beide beschuldigen einander mit ähnlichen Worten. Beide sind hilflos und kämpfen dagegen, um nicht zu unterliegen. Man kämpft gegen den anderen, den man als Ursache des Konflikts ansieht.
- Bei den ersten Auseinandersetzungen gibt es manchmal „Versöhnungen", die im Bett enden und etwas Ruhe gewähren. Solange aber jeder unbewusst mit sich und seinen eigenen Gefühlen umgeht, gibt es keine wirkliche Lösung, in der man miteinander leben könnte. Die könnte es nur dann geben, wenn einer oder beide sich bewusst würden, dass es eigentlich um die eigenen schwierigen und unangenehmen Gefühle und Zustände geht, die man nicht ertragen kann.
- Geschieht so etwas nicht, dann zerrüttet sich die Beziehung. Man trennt sich mit gegenseitigen Vorwürfen. Beide fühlen sich tief verletzt vom Verhalten des anderen. Wenn es eine Ehe war, versucht jeder, dem anderen zu zeigen, wie verletzt man ist. Man kämpft über Rechtsanwälte um Geld, Vermögen und Kinder. Sind es in der Öffentlichkeit bekannte Menschen, gibt es die berühmten „Rosenkriege", die in den Medien ausgefochten werden. In dieser Kampfphase wird Gewalt verbal gelebt, indem man den anderen die Schuld an der Zerrüttung der Beziehung gibt.
- Der Schritt in die physische Gewalt ist klein. Wenn jemand seine Situation absolut nicht ertragen kann, verstärkt er die innere Abwehr gegen seine Hilflosigkeit, Enttäuschung, Frustration und Wut. Das verschlimmert seine Zustände, weil er merkt, dass diese unangenehmen Gefühle und Zustände trotz der heftigen inneren Abwehr nicht verschwinden, sondern bedrängender und bedrohlicher werden. Schuld daran ist natürlich wieder der Partner. Ein unbewusster Mensch läuft Gefahr, gewalttätig gegen ihn vorzugehen, um sich endlich von alle dem Unerträglichen zu befreien.

- Man schädigt den anderen, indem man etwas zerstört, was dem anderen lieb war. Man zerschlägt zum Beispiel die Scheiben des Autos. Man greift den anderen direkt an und verprügelt ihn. Im schlimmsten Fall ermordet man den anderen, vielleicht sogar zusammen mit den gemeinsamen Kindern. In der extremen Hilflosigkeit, die bald nach einer Gewalttat entsteht, tötet man sich selbst. Solche Amokläufe sind selten, aber dann auch spektakulär. Über sie wird in den Medien ausführlich berichtet.
- Auch wenn die Beziehung nicht katastrophal endet, sind beide Partner tief frustriert. Jeder glaubt, dass er schon wieder an einen Menschen geraten ist, der sich als aggressiv, lieblos und unangenehm entpuppt hat. Jeder wird noch misstrauischer und vorsichtiger. Manche ziehen sich als Single zurück und klagen einander die furchtbaren Erfahrungen, die sie mit Partnern gemacht haben. Sie treffen sich nur noch für kurze beziehungslose Begegnungen.
- Manche Menschen kommen jedoch durch solches tiefes Leid auf einen Weg zu sich selbst. Durch Therapien oder innere Erfahrungen wird ihnen bewusst, dass es um eigene Gefühle, innere Vorgänge und Zustände geht, mit denen sie sich vertrauter machen können. Sie lernen sich besser kennen und können dann auch mit schwierigen Gefühlen offener und vertrauter umgehen. Dabei wird ihnen bewusst, dass sich ein wesentlicher Teil des Beziehungs-Dramas in ihnen selbst abgespielt hat, wenn sie unbewusst so aggressiv und lieblos gegen ihre eigenen unvertrauten und unerträglichen Gefühle gekämpft haben.

## *Ein Partner lebt bewusster mit sich*

In diesem Beispiel gehe ich in der Partnerschaft von einem Menschen aus, der unbewusst lebt, so wie ich es im vorstehenden Abschnitt geschildert habe. Der andere Mensch lebt bewusster mit sich und seinen Lebenserfahrungen. Er empfindet sich und sein Leben in einem größeren Zusammenhang und ist mit seiner inneren Welt mit ihren Gefühlen und Gedanken so wie mit seinem Körper bewusster und vertrauter im Kontakt.

- Die beiden Menschen begegnen sich und mögen und lieben einander. Sie haben beide - sehr menschlich - natürlich auch Erwartungen an den anderen. Der unbewusste Mensch glaubt, dass die Ursachen für schöne und angenehme Gefühle vor allem im Verhalten des anderen liegen.
- Der bewusster lebende Mensch hofft ebenso, dass die Beziehung angenehm und dauerhaft sein wird. Er denkt aber auch daran, dass diese Begegnung vielleicht nicht zufällig ist. Er geht davon aus, dass die Beziehung für beide Beteiligten interessante Erfahrungen und Entwicklungsmöglichkeiten bieten kann. Nicht nur in den angenehmen Begegnungen, sondern auch in den möglichen schwierigen Situationen. Der bewusstere Mensch ist ja auch mit seinen schwierigen und unangenehmen Zuständen vertrauter. Somit schließt er nicht aus, dass es in der Beziehung Probleme geben kann, die man als Herausforderungen erleben kann.
- Wie in jeder Beziehung wird nach einiger Zeit die Nähe und Gemeinsamkeit alltäglicher. Die großen angenehmen Gefühle und Berührungen werden seltener. Und es kommen bald auch andere Eigenschaften der Menschen an die Oberfläche und in die Beziehung, die nicht so angenehm sind und die den Erwartungen an die Beziehung nicht entsprechen. Man ist überrascht und enttäuscht. Es gibt Spannungen und erste Auseinandersetzungen.
- Der unbewusste Mensch sieht den anderen als Ursache für die unangenehmen Zustände an. Er versucht, auf den anderen einzuwirken, um ihn wieder so zu machen, wie er am Anfang der Beziehung war. Der bewusstere Mensch fühlt sich auch nicht wohl in dieser Situation. Auch er empfindet Enttäuschung und Unzufriedenheit. Er leidet unter dem Druck des unbewussten Menschen, sich verändern zu müssen.
- Dem bewussteren Menschen kann jedoch deutlich werden, dass er jetzt auch „bei sich ist". Er nimmt Enttäuschung, Unzufriedenheit und Druck als etwas eigenes Inneres wahr. Er spricht seine unangenehmen Zustände an und erlebt, dass er ruhiger mit ihnen umgehen kann. Jetzt muss er nicht wie der unbewusste Mensch dem Partner Vorwürfe machen oder ihn unter Druck setzen, sich zu verändern.

- Wenn dem bewussteren Menschen dann auch noch einfällt, dass diese - jetzt schwierige - Beziehung nicht zufällig ist, sondern etwas mit ihm selbst zu tun hat, wird es interessant. Er kann - geradezu experimentell - die Situationen für sich nutzen, um mit allen Aspekten der Beziehung eigene innere Erfahrungen zu machen. Er kann mit den schwierigen und unangenehmen Gefühlen offener umgehen. Gleichzeitig kann er die immer noch vorhandenen angenehmen Aspekte der Beziehung schätzen. Damit bringt er mehr Ruhe in die Beziehung, die der unbewusste Mensch angenehm empfindet.
- Dieser bewusstere Umgang mit sich selbst hindert den Menschen nicht, mit dem unbewussten Menschen über die Situationen zusprechen, um sie zu „klären". Wie weit sich der unbewusste Mensch darauf einlassen kann, ist eine andere Frage. Häufig sind unbewusste Menschen sehr verunsichert, wenn der andere Mensch nicht so unbewusst auf Probleme reagiert, wie es im Allgemeinen üblich ist und wie er es in früheren Beziehungen erlebt hat.

Zu mir kommen viele Menschen, - vor allem Frauen - die innere Erfahrungen machen und dadurch bewusster und vertrauter mit sich leben können. Sie sind in einer problematischen Beziehung mit einem unbewussten Menschen.

Ich empfehle den Menschen, die schwierigen Situationen mit all den unangenehmen Gefühlen und Verhaltensweisen bewusst bei sich ankommen zu lassen. Denn das ist eine große Chance, mit eigenen Gefühlen und Zuständen vertrauter zu werden, mit denen man sich vorher vielleicht nie so direkt beschäftigt hat.

Das bedeutet jedoch nicht, dass man dann immer weiter mit einem schwierigen, unbewussten Menschen in einer engen Beziehung leben muss. Wenn man die Situationen für sich ausgeschöpft hat, kann man sich in Frieden, vielleicht sogar mit Dankbarkeit zurückziehen.

## *Bewusster miteinander leben*

Im Laufe der vielen inneren Erfahrungen ist mir bewusst geworden, dass solche Erfahrungen natürlich nicht nur ihre Wirkungen im eigenen Inneren haben. Ein bewussterer Mensch nimmt andere Menschen ähnlich wahr wie sich selbst. Daher kann er den anderen ganz gut einschätzen in seiner Art, mit sich umzugehen. Dadurch wird es leichter, die Entscheidung zu treffen, in eine enge Beziehung zu gehen.

Dabei ist es sehr hilfreich zu glauben, dass die Begegnung nicht zufällig ist. Natürlich haben auch bewusste Menschen bestimmte Erwartungen an eine enge und vielleicht dauerhafte Beziehung. Man wünscht sich einen liebevollen Partner, zu dem man Vertrauen haben und mit dem man angenehm leben kann.

Das erfüllt sich, wenn jeder mit sich selbst bewusster, vertrauter und liebevoller umgeht. Man ist zufrieden und glücklich, wenn die Beziehung angenehm und erfüllend ist. Beide wissen, dass es die eigenen Gefühle sind, die der Partner in einem auslöst. Man spricht offen miteinander darüber. Jeder kann mit solchen Erfahrungen seinen eigenen inneren Weg vertiefen. Man kann die angenehmen und beglückenden Zustände miteinander teilen und es genießen.

Wer bewusster mit sich lebt, weiß natürlich aus vielen eigenen Erfahrungen, dass auch die unangenehmen, schwierigen und leidvollen Gefühle und Zustände in einem sind. Man hat in seinen Erfahrungen gelernt, mit Hilflosigkeit, Angst, Trauer, Enttäuschung, Leid und all den anderen „Kellerkindern" offener und sogar vertrauter zu leben. Im Unterschied zu einem unbewussten Menschen muss man nicht sofort Abwehr aufbauen, um die unangenehmen Gefühle und Zustände zu überwinden.

Wenn beide Partner so mit sich selbst umgehen können, dann müssen sie auch nicht sofort Abwehr aufbauen gegen den Partner, der einem solche Gefühle vermittelt. Es vertieft eine enge Beziehung ungemein, wenn man Trauer, Hilflosigkeit, Angst, Unzufriedenheit und andere unangenehme Gefühle miteinander teilen kann. Es mag seltsam klingen: Man kann sich glücklich fühlen, wenn man seine Hilflosigkeit zulässt und sich vom Partner berühren lässt, der auch hilflos ist. Man begegnet sich in einem sehr menschlichen unangenehmen Gefühl.

In solchen gemeinsamen Erlebnissen macht man sich mit allen Aspekten des Lebens und der engen Beziehung vertraut. So wird eine bewusst gelebte enge Beziehung zu einer Quelle von individuellen und gemeinsamen Erfahrungen der bunten, vielfältigen inneren Welt werden. Man kann über die Erfahrungen miteinander reden, sich gegenseitig ermutigen und miteinander innere und äußere Experimente machen. Dann schätzt man nicht nur die Beziehung, wenn man sich mit dem Partner wohl und zufrieden fühlt. Auch wenn es schwierige, unangenehme und leidvolle Themen gibt, kann jeder mit ihnen seine eigenen inneren Erfahrungen machen. Gleichzeitig begegnet man sich auch in diesen schwierigen Themen. So vertieft sich die enge Beziehung weiter.

Derartige offene Beziehungen zwischen (bewussten) Menschen sind bei uns ziemlich selten. In anderen Kulturen, in denen die Religion dem Menschen die innere Welt vermittelt, sind solche Beziehungen viel häufiger. Die Menschen sind mit sich und ihrem Leben vertrauter und zufriedener. Sie leben gleichmäßiger mit Freude und Leid und teilen es mit anderen Menschen.

## *Politische Gewalt*

Neben der individuellen Gewalt, die ich geschildert habe, gibt es auf der Erde viel Gewalt durch politische oder religiöse Feindschaften. Mit der „Aufklärung" in der westlichen Welt war die Hoffnung verbunden, dass Menschen bewusster und freundlicher miteinander umgehen würden.

Leider hat sich jedoch gezeigt, dass auch die „zivilisierten" Staaten Europas über mehrere Jahrhunderte immer neue Kriege gegeneinander geführt haben. Und im „Land der Dichter und Denker" konnte sich ein Diktator entfalten, der die größten Gräuel in der Geschichte der Menschheit befehlen und ausführen lassen konnte und fast auf der ganzen Erde Kriege führen ließ, die mit vielen Millionen Toten endeten.

Ich war am Ende des Zweiten Weltkriegs 10 Jahre alt und kann mich noch gut an die Indoktrination durch den Nationalsozialismus, aber auch an Bombenangriffe und das Ende des Krieges erinnern. Bis heute bewegt mich die Frage, wie sieht ein Diktator innen aus und wie sind die Menschen, die sich einem Diktator anschließen und für ihn die (Drecks-)Arbeit erledigen? Denn leider haben viele Menschen und einige Staaten aus dieser Menschheitskatastrophe nichts gelernt. Überall auf der Erde gibt es bis heute Diktatoren und deren Anhänger.

Betrachtet man die schlimmsten Diktatoren des 20. Jahrhunderts, Hitler und Stalin, kann man aus der zeitlichen Distanz erkennen, dass beide keine strahlenden, selbstvertrauten Menschen waren, sondern dass beide außerordentliche Persönlichkeitsprobleme hatten.

Mir ist aus eigenen Erfahrungen und aus den Erfahrungen mit vielen Menschen bewusst geworden, dass ein Mensch sich in der äußeren Welt ganz ähnlich verhält, wie er - meistens unbewusst - mit sich selbst umgeht. Sucht also ein Mensch Macht über andere, so braucht er vor allem Macht über sich selbst.

Das bedeutet, dass dieser Mensch in sich immer wieder von Gefühlen, Zuständen und Vorgängen berührt wird, die er nicht kennt, nicht mag und nicht ertragen kann. Das sind meistens Gefühle wie Schwäche, Angst, Hilflosigkeit, Versagen und Minderwertigkeit. All das muss er unter Kontrolle halten, damit niemand merkt, wie es wirklich in ihm aussieht. Er unterdrückt diese Gefühle und kämpft gegen sie, um sie zu überwinden. Im Kampf gegen die Gefühle bedrängen sie ihn jedoch immer stärker. Sie werden für ihn zum Feind, den er besiegen muss, um sich von ihm zu erlösen. Das läuft im Menschen meistens ganz unbewusst ab. Er spürt nur, dass er sich von innen bedroht fühlt und wenig oder nichts dagegen tun kann. Wie die meisten Menschen sieht er die Ursachen für seinen unerträglichen Zustand im Äußeren.

Hitler ist als Kriegsfreiwilliger in den Ersten Weltkrieg gezogen. Dort ist er in tagelangen Artilleriebeschuss der Franzosen geraten, in dem er miterlebte, wie viele Soldaten um ihn herum getötet, verletzt und verstümmelt wurden. Er muss das in völliger Hilflosigkeit und extremer Todesangst erlebt haben. Er kam auch in einen Gasangriff des Feindes, nach dem er zeitweise erblindete. Ich vermute, dass er sich geschworen hat, niemals mehr in seinem Leben in eine derartige Situation mit Angst und Hilflosigkeit zu kommen. Für ihn sind „die Franzosen" verantwortlich für seine schrecklichen, unerträglichen Zustände, die ihn wahrscheinlich sein Leben lang verfolgt haben. Sie sind seine Erzfeinde, die er am Beginn des Zeiten Weltkriegs angreifen und überwinden lässt.

Bei Stalin zeichnete sich schon früh ein starker Verfolgungswahn ab, der dazu führt, dass er viele Menschen aus seiner engen politischen Umgebung verfolgen und umbringen lässt. Sich ständig bedroht und verfolgt zu fühlen, kommt weitgehend aus dem eigenen Inneren. Da sind Gefühle, innere Zustände und Vorgänge, die sich unerträglich und bedrohlich anfühlen. Dazu gehören Angst und Hilflosigkeit, wie auch Verletzlichkeit und Schutzlosigkeit vor den eigenen aggressiven Energien oder Bildern, die einen schädigen oder gar vernichten könnten. Ein Mensch, der sich ständig bedroht fühlt, verschafft sich Erleichterung, indem er seine Macht benutzt, um bedrohliche Menschen entfernen und sogar beseitigen zu lassen. Häufig werden gerade diejenigen bedrohlich, die ihm nahe sind, weil sie das zwanghafte Verhalten des Machthabers durchschauen können.

Hitler lebt fast ohne persönliche enge Beziehungen. Auch darin wird erkennbar, dass er wenig Beziehung zu sich hat und fürchten muss, dass nahe Menschen merken, dass er nicht der große, selbstvertraute Führer ist, den er ständig in der Öffentlichkeit darstellt. Sein Ideal entspricht dem Satz: „Ein deutscher Junge muss sein schlank und rank, flink wie Windhunde, zäh wie Leder und hart wie Krupp-Stahl." Da gibt es nichts Fülliges, Langsames, Schwaches oder Weiches.

Die meisten Menschen, die sich ihm anschließen, bekommen Uniformen und Waffen und damit Macht über andere. Hitler fühlt sich wohl, wenn er zum Beispiel in Nürnberg auf dem Reichsparteitag über Hunderttausenden von Menschen steht, die alle bewaffnet und in gleichen Uniformen vor ihm im Gleichschritt paradieren. Dann ist alles unter Kontrolle. Er militarisiert die ganze Gesellschaft vom Jungvolk und BDM (Bund deutscher Mädel) bis hin zum uniformierten Luftschutzwart. Denn im Militär gilt absoluter Gehorsam gegenüber dem Vorgesetzten. Und der höchste Führer ist Hitler selbst, dem man bedingungslos folgen muss. Gleichzeitig wird die nichtmilitarisierte Bevölkerung durch Geheimpolizei überwacht.

Politische „Feinde" wie Kommunisten und Sozialdemokraten werden verhaftet und in Konzentrationslagern interniert. Auch dort ist alles unter Kontrolle.

Wie sieht es in einem Menschen aus, der einem solchen Diktator folgt? Diktator und Mensch, der ihm freiwillig folgt, sind sich innerlich sehr ähnlich. Dieser Mensch hat genauso Probleme mit seiner weichen, zarten und verletzlichen Seite. Er fühlt sich bedroht von Gefühlen und inneren Zuständen, die er nicht unter Kontrolle bringen und halten kann. Er zerrüttet sich im unbewussten Kampf gegen sich selbst. Er sieht die Ursache für sein Leiden, seine Unzufriedenheit, seine vielen Unerträglichkeiten außerhalb von sich selbst in der äußeren Welt.

In Deutschland zerbrachen nach dem verlorenen Ersten Weltkrieg und der Abdankung des Kaisers viele gesellschaftliche Strukturen, die den Menschen eine gewisse Sicherheit gegeben hatten. In den Zwanzigerjahren gab es eine große Wirtschaftskrise in fast allen Industrieländern. In Deutschland verloren viele Menschen in der Inflation ihr ganzes Vermögen. Bis in die Dreißiger gab es eine große Arbeitslosigkeit, die nicht durch Sozialmaßnahmen abgefedert wurde. Es kamen extremistische linke und rechte Parteien auf, die manchmal blutig gegeneinander kämpften. Es war für fast alle Menschen in Deutschland eine Zeit großer wirtschaftlicher und politischer Unsicherheit, die Angst und Abwehr auslöste.

Unsicherheit ist natürlich auch ein innerer Zustand, der meistens unangenehm und bedrohlich ist und als negativ bewertet wird. Man fühlt sich unsicher, wenn man wenig Beziehung und Vertrauen zu seiner unvertrauten inneren Welt hat, in der immer wieder unangenehme Gefühle und Gedanken aufkommen. Der Mensch fühlt sich sehr unwohl und wird sich aber nicht bewusst, dass es von innen kommt. Er sieht die Ursachen weitgehend in den unsicheren Zuständen der äußeren Welt. Dort sucht er auch die Befreiung von seinen unangenehmen und bedrohlichen Zuständen. Er sehnt sich nach Erlösung „von dem Negativen und Bösen".

So begegnen sich der nach der Macht strebende Politiker und die „normalen unbewussten" Bürger in ganz ähnlichen unangenehmen inneren Vorgängen und Zuständen, die sie überwinden wollen. Jeder sucht Kontrolle und Macht über das Unerträgliche zu gewinnen.

Der zur Macht strebende Politiker geht an die Öffentlichkeit und verkündet dem Volk, wer verantwortlich ist für die Misere, an der man leidet: Das sind Politiker aus anderen Parteien, die Politik gegen das Volk betreiben. Das sind Wirtschaftsführer, die sich bereichern und das Volk schädigen. Das sind Feinde aus anderen Ländern, die das Volk überfallen und knechten wollen. Der nach Macht strebende Politiker verspricht dem Volk die Erlösung im Kampf gegen die, die schuld sind am Leiden des Volkes.

Die unbewussten Bürger, die sowieso innerlich gegen das Negative, Bedrohliche, Schädliche und Unerträgliche kämpfen, hören die Worte des Politikers. Sie fühlen sich von ihm verstanden und folgen seinem Weg in die Erlösung. Sie wissen jetzt, was zu tun ist, um sich zu befreien. Sie kennen die „Schädlinge" und „Feinde".

Der Politiker wird vom Volk anerkannt und gefeiert. Da ist endlich jemand, der klar redet und „Ross und Reiter" nennt. Er sammelt Menschen um sich, die seine Führerschaft akzeptieren. Er verleiht ihnen Macht und Positionen in der Partei und den militarisierten Organisationen. Er steigert sich in drastische Schilderungen der unerträglichen Situation des Volkes, das diese Zustände nicht verdient hat. Jetzt heißt es, das Notwendige zu tun, um sich zu befreien. Er ruft auf zum Kampf gegen die Feinde, die er immer wieder in seinen Ansprachen nennt.

Um zu kämpfen und um sich vor drohenden Angriffen der Feinde zu schützen, baut der Politiker außerhalb der legalen Polizei militärische Schutztruppen auf, die uniformiert und bewaffnet sind. Wer sich im inneren Kreis gegen solche Maßnahmen wendet, wird ausgestoßen, vielleicht sogar umgebracht. So wird der Politiker zum Diktator, getragen von vielen Menschen, die in ihm die Erlösung suchen.

Der Diktator vertieft die Begeisterung der Menschen, die ihm folgen, indem er ihnen deutlich macht, dass sie etwas ganz Besonderes sind im Vergleich zu anderen Menschen und Völkern. Hitler machte die Deutschen (wieder) zu den stolzen, aufrechten Menschen der höchsten und wertvollsten Rasse auf der Erde, nämlich den großen, blonden, blauäugigen Ariern.

So ist man auserwählt, große Taten zu vollbringen und das Alte, Schwache und Falsche zu zerstören. Der Diktator verwendet religiöse Worte und Bilder, um seine Führerschaft zu begründen. Ein „höhere Macht" oder die „Vorsehung" hat ihn eingesetzt zur Rettung dieses hohen Volkes, das bedrängt wird von Fremden, Feinden und dem Bösen.

Der Diktator hat endlich genug Macht, die restlichen demokratischen Strukturen zu zerstören, die er immer verachtet hat. Hitler hat schon in seinem Buch „Mein Kampf" die Parlamente einer Demokratie als „Quasselbuden" diffamiert.

Jetzt kann er die ganze Gesellschaft nach seinen Vorstellungen ausrichten, um sich endlich im Volk wohler zu fühlen. Um alle Menschen unter Kontrolle zu bringen und zu halten, wird die Gesellschaft militarisiert. Parteigenossen bekommen militärische Ränge, Uniformen und Waffen. Alle Jugendgruppen sind militärisch organisiert. Außerhalb des Militärs und der Polizei gibt es weitere Schutztruppen und Geheimpolizeien, die das Regime nach innen absichern.

Die meisten Menschen der Bevölkerung nehmen das hin, da es zur Sicherheit beiträgt, die sie schon lange vermisst hatten. Endlich gibt es kaum noch Kriminalität. Und wenn man jemanden erwischt, kann er mit einer hohen Strafe der Volksgemeinschaft rechnen. Das ganze Überwachungssystem wird jedoch auch gebraucht, um Andersdenkende zu finden und zu verfolgen. Es werden Gesetze erlassen, die den „Volksfeinden" mit drastischen Bestrafungen drohen. Verurteilungen und Hinrichtungen finden zum großen Teil unter Ausschluss der Öffentlichkeit statt.

Viele Menschen sind auch mit solchem Vorgehen einverstanden, weil es dem großen Ziel dient, das Land von politischen Feinden, von Schmarotzern, von Minderwertigen und Verbrechern zu befreien. Viele Bürger treten freiwillig in die militärisch organisierten Gruppen ein. Sie tragen auch im Alltag Uniformen und Waffen. Ihnen wird die Macht verliehen, gegen Feinde zu kämpfen.

Zu diesen Feinden gehören vor allem die Juden, die als „Blutsauger des Deutschen Volkes" oder als „Parasiten" bezeichnet werden. Im Gegensatz zu den Ariern sind die Juden eine minderwertige Rasse, der es gelungen ist, wesentliche Teile der deutschen Wirtschaft an sich zu reißen. Außerdem sind sie verantwortlich für die großen Wirtschaftskatastrophen, an denen das Deutsche Volk leidet.

Solche Darstellungen berühren besonders intensiv die Menschen, die an (äußerer) Armut, Unzufriedenheit und Energiemangel leiden. Sie fühlen sich chronisch erschöpft und überfordert. Sie merken jedoch nicht, dass diese unangenehmen Zustände aus dem unbewussten Kampf gegen die eigenen „negativen" Gefühle entstehen. Denn jedes Gefühl - ob angenehm oder nicht - ist Lebensenergie. Blockiert man solche Kräfte, fehlt es einem an Energie und Zufriedenheit. Zudem verschwendet man viel innere Kraft durch die Aufrechterhaltung der Abwehr und des Kampfes gegen sich selbst.

Der Diktator erklärt ihnen jedoch, dass sie nicht genug zum Leben haben, weil ihnen Geld und Güter durch die „Blutsauger" und „Parasiten" entzogen wurden. Viele Menschen suchen die Befreiung von diesem Leiden und begrüßen und unterstützen die Vertreibung und Verfolgung der Juden
. Vor dem Überfall auf Polen wird das deutsche Volk darauf vorbereitet, indem man das „Volk ohne Raum" propagiert. Die hohe arische Rasse muss sich mit einem kleinen Gebiet auf der Erde zufrieden geben, während im Osten niedrige und minderwertige Menschen riesige Gebiete bewohnen. Es sind „slawische und sowjetische Untermenschen", die eigentlich schon mehr Tiere als Menschen sind. Man muss sie nur vertreiben oder vernichten, um endlich Raum für die arische Rasse zu gewinnen.

Solche Vorstellungen berühren Menschen besonders tief, die an Enge leiden und Angst vor Enge haben. Sie fühlen sich ständig vor allem innerlich, aber auch außen eingeengt und behindert. Die innere Enge entsteht wieder aus der unbewussten Abwehr der unangenehmen und unerträglichen Gefühle. Dann stockt der Fluss der Lebenskräfte.

Die Menschen sehnen sich nach Offenheit und Weite, die sie verloren glauben. Ihnen wird die Erlösung angeboten: man muss nur die Untermenschen aus den östlichen Gebieten vertreiben. Dann brauchen die arischen Volksgenossen nicht mehr in der Enge zu leben. Sie gewinnen den großen Raum und die Weite, die ihnen entsprechen.

Solche von einer Diktatur verbreiteten Diffamierungen erreichen gerade die Menschen mit großen inneren Problemen und wenig Selbstbewusstsein. Ihnen wird dann noch die Möglichkeit gegeben, legal Gewalt gegen die Feinde anzuwenden, die ihnen gezeigt werden. Man darf sie diffamieren, sie beschimpfen, sie verfolgen und sie der Staatsmacht ausliefern, die schon das Richtige mit ihnen machen wird.

So viel Macht ausleben zu dürfen, führt bei vielen Menschen zu angenehmen Gefühlen und Zuständen, nach denen sie sich lange gesehnt haben. Das Negative verschwindet dahinter, der Mensch fühlt sich wohler. Er ist endlich jemand, der mithilft im großen Kampf gegen Feinde, Fremde und Böse.

Solche Haltungen gelten nicht nur für „einfache" Menschen, die ihre Machtgelüste ausleben dürfen. Im Nationalsozialismus haben viele Juristen, Ärzte, Wirtschaftsführer, Lehrer und Professoren und andere Akademiker sich engagiert und ihre Fähigkeiten benutzt, um unmenschliche Gesetze zu formulieren oder als Ärzte an der Rampe Juden und „unwerte" Menschen zu vernichten.

Denn die inneren Probleme, über die ich hier schreibe, betreffen unbewusste Menschen, ganz unabhängig von ihrem Intellekt und ihrer Bildung. Jeder sucht die Erlösung vom eigenen Unerträglichen durch Aktionen in der äußeren Welt, in der man Fremdes, Bedrohliches und Böses unter Kontrolle bringt oder gar vernichtet.

Aber Diktatoren wie Hitler oder Stalin benutzen solche Erlösungssehnsüchte der Menschen nicht bewusst im „kalten Blut". Sie leiden selbst an ihren großen Persönlichkeitsproblemen. Sie sind so zwanghaft in ihren inneren Bewertungen und inneren Kämpfen gegen das Unerträgliche, dass sie mit aller Kraft versuchen, ganz nach oben zu kommen, um endlich über allem zu stehen und nicht mehr vom Unangenehmen berührt zu werden.

## *Religiöse Gewalt*

Während ich dieses Buch schreibe, gibt es den „islamistischen Terror", der sich bedrohlich ausbreitet. Vor allem junge Männer, die sich als moslemische „Gotteskrieger" empfinden, tragen eine Sprengladung am Körper oder transportieren sie in einem Auto. Sie lösen die Sprengung aus, um möglichst viele Feinde mit in den Tod zu nehmen. Das sind Heiden, Israelis, Amerikaner, irakische Polizisten im von den Amerikanern besetzten Irak, das sind aber auch

Moslems anderer Glaubensrichtung. Sie töten ebenso westliche Touristen in Asien oder Afrika. Der größte Anschlag fand am 11. September 2001 statt, als einige „Gotteskrieger" Flugzeuge unter anderem in New York in die Türme des World Trade Centers steuerten und dabei sich selbst und über 3000 Menschen in den Flugzeugen und in den zusammenstürzenden Gebäuden töteten.

Diese religiös begründete Gewalt berührt vor allem die westlichen Menschen. Im Zweiten Weltkrieg hat es zum Ende des Krieges - vor allem japanische - „Selbstmordkämpfer" gegeben, die ihre mit Bomben beladenen Flugzeuge in feindliche Schiffe gesteuert haben. Es sollen sogar einige deutsche Soldaten so gestorben sein. Aber in der westlichen Welt sind derartige Selbstmordangriffe sehr selten. Jeder Soldat versucht zu überleben.

Wie kann man einen jungen Menschen dazu bringen, sich selbst grausam umzubringen, um möglichst viele „Feinde" zu töten oder zu verstümmeln? Wie kann man den Menschen dazu bringen, in einem Autobus mit Frauen und Kindern eine Bombe zu zünden? Wie kann man planen, ein Flugzeug zu besetzen, um es mit allen Passagieren, dem Personal und sich selbst als Bombe zu benutzen? Wie kann man derartige Gewalttaten im Namen Gottes tun? Und wie kann ein palästinensischer Vater, dessen Sohn in einem Bombenanschlag viele Israelis getötet hat, inständig beten, dass seine anderen drei Söhne auch „Märtyrer" werden?

Für mich liegen die Ursachen auch bei diesem Verhalten ganz im Inneren des Menschen, der sich als „Gotteskrieger" vernichtet, um andere zu töten.

Religion ist die Beschäftigung mit der inneren Welt des Menschen, also mit dem „Reich, das nicht von dieser Welt ist". Dabei vermittelt eine lebendige Religion dem Menschen die Erfahrung der eigenen inneren Welt. Es geht nicht darum zu glauben, was überliefert worden ist. Wirkliche Erfahrungen entstehen in ganz persönlich erlebten inneren Vorgängen und Zuständen. Das ist der Kern jeder Religion, die „Mystik".

Ich gehe davon aus, dass eine neue Religion meistens von einem Menschen oder einer kleinen Gruppe von Menschen gegründet wird. Im Mittelpunkt steht die Erfahrung der inneren Welt. Das wird zum Beispiel vom Weg des Buddha geschildert, der in sehr angenehmen und geschützten Umständen als Fürst aufwuchs. Als er diese Umgebung verlies, wurde er erschüttert durch das Leiden und den Tod in der äußeren Welt. So entschloss er sich, die Wahrheit zu finden.

Er fand den Weg nach innen. Er machte tiefgreifende Erfahrungen und sammelte Anhänger, die ihm auf seinem Weg nach innen folgten. In den meisten Richtungen des Buddhismus steht bis heute die persönliche direkte Erfahrung des eigenen Inneren mit all seinen Aspekten im Mittelpunkt. Am Ende seines Wirkens sagte der Buddha: „Vergesst alle meine Worte und macht Erfahrungen."

Ohne den buddhistischen Weg zu gehen, habe ich einen sehr einfachen Zugang nach innen gefunden. Ich habe ihn am Anfang dieses Buches geschildert. Wer wirklich nach innen geht, macht fast unabhängig von der Religion ganz ähnliche Erfahrungen: alles in einem. Alles gehört untrennbar zusammen. Es gibt Angenehmes und Unangenehmes. Man muss nichts Inneres bewerten oder verstehen. Jeder Mensch lebt in dieser Vollkommenheit, ob er sich dessen bewusst ist oder nicht. Der Sinn des Lebens ist das Leben.

Ein Mensch, der so lebt, kennt sich und ist in Frieden mit sich. Er hat Vertrauen zu sich und seinem Leben. Er erfährt sich vielleicht als ein Wesen, das in seiner irdischen Inkarnation tief greifende Erfahrungen mit anderen Menschen und mit der äußeren Welt macht. Dieser Mensch weiß aus seinen Erfahrungen, wie wertvoll ein irdisches Leben ist. Deswegen schätzt und schont er sein eigenes Leben und nimmt auch anderen Menschen, die auf ihrem Wege sind, nicht ihr Leben.

Wer in Frieden mit sich lebt, ist auch im Frieden mit anderen. Das bedeutet: Mit sich und anderen in Frieden zu leben, kommt ganz von innen. Dieser Frieden entsteht dadurch, dass man im Inneren auch mit dem Unangenehmen und Bedrohlichen vertrauensvoll leben kann, selbst wenn man sich dabei nicht wohl fühlt.

In der Geschichte der Menschheit wird deutlich, dass Religionen entstehen und vergehen. Eine Religion beginnt fast immer sehr kraftvoll in ihrer gelebten Mystik. Nach den ersten Generationen kommen jedoch immer mehr Menschen, die wenig oder keine wirklichen inneren Erfahrungen machen. Sie halten fest an den mündlichen oder schriftlichen Überlieferungen. Sie kennen die Worte und

Bilder der Religion. Es sind die „Schriftgelehrten", die es auch zu Zeiten Jesu gab.

Solche Menschen sind weniger vertraut mit sich. Sie sind unsicher in ihrem Glauben, weil sie die meisten Dinge nicht selbst erfahren haben. Sie müssen ihren Glauben absichern, indem sie ihn zum einzig richtigen erklären. Damit bewerten sie den Glauben anderer Menschen und setzen ihn herab. Sie missionieren, um nicht immer wieder durch andere Glaubenssätze verunsichert zu werden. Sie suchen die Gemeinschaft der Rechtgläubigen. Andersgläubige werden zu Häretikern und Feinden erklärt, die man verfolgen, vielleicht sogar töten muss.

Solche Strukturen von dekadenten Religionen ziehen sich durch die Geschichte bis in unsere Gegenwart. In fast allen Religionen hat es Kämpfe gegen Andersgläubige gegeben wie zum Beispiel die Kreuzzüge des Christentums und in Deutschland den Dreißigjährigen Krieg. Dabei kämpften auf beiden Seiten „Christen".

Häufig teilt sich eine Religion in verschiedene Richtungen auf, wenn die Mystik verloren geht. Man macht keine direkten inneren Erfahrungen mehr, in denen alle Beteiligten auf gleichartige Ergebnisse kommen würden. Sondern man interpretiert die Überlieferungen nach eigenen Vorstellungen, die man dann verabsolutiert. Daher sind Kämpfe unter Glaubensbrüdern sehr häufig. Das wird heute wieder bei islamistischen Radikalen deutlich, die auch Moslems anderer Tradition verfolgen und töten.

Fehlt einem Menschen das religiöse Vertrauen, dass jeder Augenblick seines eigenen Lebens sinnvoll und richtig ist, dann bewertet er seine inneren Zustände nach „gut" und „schlecht" oder „richtig" und „falsch". Damit ist er ein unbewusster und unvertrauter Mensch im Umgang mit sich selbst. Er sucht das „Gute" im Inneren, um es festzuhalten. Er kämpft gegen das „Schlechte" und „Böse" im Inneren, um es zu überwinden und sich wohler zu fühlen. Das gelingt ihm jedoch nicht so, wie er es sich wünscht. Die bekämpften Gefühle werden deutlicher und bedrohlicher. Es geht ihm schlechter.

So sucht er woanders Befreiung und Erlösung. Er macht andere Menschen, Parteien oder Religionen für seine schwierige Lebenssituation verantwortlich. Das muss jedoch nicht immer zu Abwehr oder Gewalt führen. Es ist möglich, dass der leidende Mensch versucht, seine äußere Situation zu verbessern, um sich aus den schwierigen Bedingungen herauszuarbeiten.

Wie in der Politik gibt es jedoch auch in Religionen Menschen, die Macht - über sich und andere - suchen. Sie verkünden den leidenden und unzufriedenen Menschen eine Erlösung im Rahmen der Religion. Oft gründen oder fördern solche Verkündiger radikale Sekten. Dort finden Menschen Sicherheit und Geborgenheit in der Gemeinschaft und in den klar definierten, strengen Regeln und Inhalten: Nur die Mitglieder der Gemeinschaft leben den wahren Glauben. Sie allein sind die wirklichen Kinder Gottes. Der verheißt ihnen die Erlösung im Himmel oder im Paradies. Auf der anderen Seite gibt es Irrende, Fehlgeleitete und Abtrünnige. Und dann sind da noch Heiden, Andersgläubige und die Bösen.

Das eigene Leiden auf der Erde entsteht durch solche „gottlosen" Mächte. Gott selbst gibt den Rechtgläubigen den Auftrag, den wahren Glauben mit Feuer und Schwert zu verbreiten. Der Feind muss bekehrt oder vernichtet werden. Erst danach gibt es das Paradies auf Erden. Gott belohnt die Märtyrer, die sich im „Heiligen Krieg" opfern.

Ein Priester, der solche Botschaften verbreitet, stellt sich selbst dar als jemand, der im vollständigen Vertrauen und in der absoluten Gewissheit lebt. Seine Worte kommen direkt von Gott. Niemand darf diese Botschaften bezweifeln. Sie geben den Anhängern die Sicherheit und das Vertrauen, das sie in sich nicht finden konnten.

Aber selbst ein „hoher" und verehrter Priester darf an seinen Worten und Taten gemessen werden. Wer die Welt in Gut und Böse zerteilt, tut es auch in seinem Inneren. Wer viele Feinde definiert, die zu beseitigen sind, wendet sich unbewusst gegen seine eigenen inneren „Feinde": Fremdheit, Bedrohung, Angst, Zweifel und alle die anderen unangenehmen und unerträglichen inneren Vorgänge und Zustände. Wer Menschen auffordert, sich zu töten, um Feinde zu erledigen, hat wenig Vertrauen zu seinem eigenen irdischen Leben. Er fühlt sich so intensiv von innen bedroht, dass er wahrscheinlich schon manchmal daran gedacht hat, die Erde zu verlassen. Wer jemandem das Heil verspricht, wenn er Menschen verfolgt und tötet, geht so mit sich selbst um. Er weiß nicht, dass ihm das Heil geschenkt wird, wenn er zu sich und seinem Leben Vertrauen hat. Er glaubt, dass er auch innen im Kampf gegen das Böse rücksichtslos gewinnen muss.

Religiös und politisch definierte Gewalttäter oder Anstifter zur Gewalt sind sich innerlich sehr ähnlich. Beide sind unbewusste Menschen, die wenig oder keine Beziehung nach innen haben. Sie kennen sich nicht, sie vertrauen sich nur wenig. Sie fürchten sich vor ihrem eigenen unbekannten Inneren. Und sie haben die Tendenz, alles Fremde, Bedrohliche und Unerträgliche innen zu unterdrücken und zu bekämpfen. Sie leiden an diesem unbewussten Umgang mit sich selbst und suchen Macht über sich selbst, um sich sicher zu fühlen.

Meistens ganz unbewusst suchen solche Menschen mit großem Einsatz eine Machtposition in der äußeren Welt. Dort finden sie Menschen, die ihnen ähnlich sind, aber nicht die Kraft haben, selbst an die Macht zu kommen. Solchen Anhängern versprechen sie die Erlösung von ihrem Leid, wenn sie das „Richtige" tun und verschaffen ihnen Macht über die „Feinde".

# Gewalterfahrungen in Einzelbegleitungen

Einzelbegleitungen finden vor allem in meiner Wohnung statt, aber auch in meinen Mittwochabend-Veranstaltungen in Hamburg und in meinen Wochenend-Veranstaltungen in Deutschland.

Ich bitte den Menschen, sich auf eine Unterlage auf den Fußboden zu legen und setze mich auf ein Meditationskissen daneben. Ich empfehle, es sich angenehm zu machen und die Augen zu schließen. Meistens frage ich: „Wie fühlst du dich jetzt?" (Oder ich sieze Menschen, die mich noch nicht kennen.) Wenn der Mensch sagt: „Ich bin aufgeregt", erwidere ich: „Sprich deine Aufregung laut und direkt an. Du könntest sagen: ‚Aufregung, ich spüre dich.'"

So höre ich dem Menschen zu und ermutige ihn, sich dem zuzuwenden, was in seinem Inneren deutlich wird. Nach den vielen Erfahrungen, die ich mit mir und anderen Menschen gemacht habe, kann ich jeden soweit begleiten und ermutigen, wie er es zulassen kann. Wenn jemand sagt: „Ich kann nicht mehr", bedränge ich ihn nicht. Er kann innen woanders hingehen oder die Reise beenden.

Im folgenden Teil dieses Buches schildere ich Ausschnitte aus zwölf Einzelbegleitungen, die ich mit Menschen gemacht habe, die zu mir gekommen sind, um sich kennen zu lernen. Dabei geht es vor allem um das Hauptthema dieses Buches, nämlich um Aggression, Gewalt und Zerstörung, die in der inneren Welt ganz anders sind als in der äußeren Welt.

---

Es ist möglich, dass jemand, der sich so noch nie mit seiner inneren Welt beschäftigt hat, kaum ertragen kann, was in den beschriebenen inneren Erfahrungen geschieht. Ich habe vor diesem Buch schon drei andere Bücher über meine Erfahrungen geschrieben, in denen ich mich nicht so intensiv auf dieses eine - für die meisten Menschen - sehr schwierige Thema konzentriert habe. Es kann hilfreich sein, vielleicht vorher ein anderes meiner Bücher zu lesen.

*Aggression*

Zu mir kommt eine etwa 50-jährige Frau, die sehr häufig starke Aggressivität und große Wut in sich spürt. In der äußeren Welt kann sie ihre Aggressivität noch ganz gut unter Kontrolle halten. Manchmal fürchtet sie, gewalttätig zu werden. In letzter Zeit wurde ihr von Bekannten öfter gesagt, dass sie sich aggressiv verhalte. Ich (I:) ermutige die Frau (F:), mit diesem Thema nach innen zu gehen.

I: Wie fühlen Sie sich jetzt?
F: Ich bin völlig aufgeregt. Mein Herz rast. Mein Körper zittert. Ich habe Angst.
I: Wenn es möglich ist, sagen sie: Aufregung und Angst, ich spüre euch.
F: Aufregung und Angst, ich kann euch kaum ertragen. Ich spüre euch ganz deutlich.
I: Wenn sie möchten, können sie zu Ihrem Herzen gehen, das ja auch ganz unruhig ist.
F: Das macht mir auch Angst. Ich fürchte, dass mein Herz das nicht aushalten kann.
I: Probieren sie es aus. Wenn es zu unangenehm wird, können sie es abbrechen. Sie können jetzt sagen: Herz, ich komme mit meiner Angst zu dir.
F: Ich will es versuchen. Herz, ich komme zu dir mit meiner Angst.
I: Wie verhält sich Ihr Herz, wenn Sie sich ihm ankündigen?
F: Ich glaube fast, dass mein Herz ein bisschen ruhiger geworden ist. Das ist seltsam. Denn ich habe immer noch Angst.
I: Wie sieht Ihr Herz aus oder wie stellen Sie es sich vor? Es muss nicht anatomisch richtig sein. Sie können es sich einfach vorstellen.
F: Ich bin überrascht. Das Herz ist ziemlich groß und hell. Es ist noch ruhiger geworden. (Nach einer Pause.) Herz, ich bin überrascht, dich so zu sehen.
I: Wie verhält sich Ihr Herz, wenn Sie zu ihm sprechen?
F: Es lächelt. Wie kann das angehen? Eben war es noch aufgeregt. Jetzt es ist ziemlich ruhig und lächelt. Und jetzt kommt es auf

mich zu und nimmt mich in seine Arme. Das kann ich nicht glauben, aber es geschieht wirklich. Jetzt spüre ich das Herz ganz warm und ganz weich. (Nach einer Pause.) Herz, ich fühle mich bei dir geborgen. (Sie weint vor Rührung.)

I: Sie lernen jetzt Ihr Herz kennen. Stellen Sie sich vor, mit diesem liebevollen Herzen auch im Alltag zu leben.

F: Jetzt weine ich gleichzeitig vor Rührung und vor Trauer. Was habe ich alles in meinem Leben verpasst!

I: Wir leben hier in einer sehr unbewussten Welt, in der man wenig weiß vom eigenen Inneren. Bemerken Sie, dass Ihr Herz Ihnen keine Vorwürfe macht, dass Sie es vergessen hatten. Es freut sich, dass Sie zu Ihm gekommen sind. So ist Ihr Herz. (Nach einer Pause.) Wenn Sie möchten, fragen Sie Ihr Herz, ob es mit Ihnen zu Ihrer Aggression geht.

F: Ich werde gleich wieder unruhig und ich spüre Angst.

I: Dann sagen Sie doch Ihrer Angst, dass sie mitkommen kann zu Ihrer Aggression.

F: Herz, gehst du mit mir und meiner Angst zur Aggression? Es sagt sofort Ja. Das überrascht mich.

I: Vielleicht nimmt Ihr Herz Sie an die Hand. Sie können sagen: Aggression, ich komme mit meinem Herzen und mit meiner Angst zu dir.

F: Aggression, ich komme jetzt mit meinem Herzen zu dir. Ich habe große Angst vor dir. Aufregung, du bist auch dabei. Es geht mir nicht gut.

I: Wie verhält sich die Aggression, wenn Sie sich ihr ankündigen?

F: Ich spüre sie noch nicht.

I: Bemühen Sie sich nicht. Wenn die Aggression nicht deutlich wird, ist es auch in Ordnung.

F: Jetzt sehe ich etwas. Es ist groß und dunkel. Es steht einfach da. (Nach einer Pause.) Bist du meine Aggression? Sie sagt Ja.

I: Wie fühlen Sie sich, wenn Sie jetzt zum ersten Mal Ihrer eigenen Aggression begegnen?

F: Ich habe Angst. (Nach einer Pause.) Aber die Aggression wirkt nicht bedrohlich. Sie schaut mich an.

I: Dann sagen Sie der Aggression, dass Sie sie so ertragen können.

F: Aggression, so wie du jetzt bist, kann ich dich ertragen. Jetzt lächelt sie ein bisschen.
I: Wie verhält sich Ihr Herz, das das alles miterlebt?
F: Mein Herz ist ganz ruhig. Es hat offensichtlich Vertrauen. Ich sehe jetzt, dass die Aggression sich bewegt. Sie ist größer, als ich gedacht habe. Jetzt kann ich ihr Gesicht besser erkennen. Sie hat große Augen und ein großes Maul. (Aufgeregt.) Mir wird ganz mulmig.
I: Sagen Sie Ihrer Angst, dass Sie sie jetzt zulassen.
F: Angst, ich spüre dich, und ich versuche, dich zuzulassen. (Aufgeregt.) Oh, oh, jetzt wird es gefährlich. Die Aggression ist dicht vor mir. Sie ist mir ganz unheimlich, obwohl sie noch lächelt.
I: Wenn es Ihnen möglich ist, können Sie sagen: Aggression, ich versuche jetzt mich dir anzuvertrauen. Aber wenn es nicht geht, müssen Sie es nicht tun. Sie können sich auch zurückziehen.
F: Aggression, du bist mir ganz unheimlich. Ich versuche, mich dir anzuvertrauen. (Sie erschrickt.) Jetzt hat mir die Aggression einfach den Kopf abgerissen. (Nach einer Pause.) Seltsam, es tut gar nicht weh. Ich bin jetzt kopflos. Das fühlt sich seltsam an.
I: Lassen Sie es einfach geschehen. Wie verhält sich Ihr Herz dabei?
F: Mein Herz bleibt ganz ruhig. Die Aggression grinst. (Sie erschrickt heftig.) Und jetzt zerreißt sie meinen Körper wie Papier. Von oben nach unten. Dann auch noch quer. Mein Gott, was geschieht da mit mir? Muss ich jetzt sterben?
I: Sie können alles zulassen. Machen Sie sich bewusst, dass es in Ihrer inneren Welt geschieht. Ihr physischer Körper liegt hier ganz ruhig und sicher.
F: Ich spüre meinen Körper überhaupt nicht mehr. Ich fühle mich ganz leicht. Ich schwebe. So fühle ich mich ganz wohl. Trotzdem ist das seltsam ohne Körper. Mein Herz ist ganz ruhig und winkt mir zu. (Nach einer Pause.) Jetzt sehe ich auch wieder meine Aggression. Sie ist viel kleiner geworden und wirkt heller. Wie kann das bloß angehen? Eben war sie noch so übermächtig.
I: Wenn Sie sich wohl fühlen, genießen Sie es. Denn es ist ein ganz normaler Seelenzustand. Ihr Körper geht dabei nicht verloren, auch wenn Sie ihn im Moment nicht mehr spüren. Sie können

schweben, Sie können auch fliegen, wohin Sie wollen. Dieser Zustand ist ein Geschenk Ihrer Aggression.

F: Ich fliege in den Himmel hinein. Ich bin in der Weite. Da ist ein helles Licht. Ich bin ganz überrascht. Das hatte ich nicht erwartet.

I: Sie können sagen: Himmel, Weite, Licht, ich genieße euch. Sie lernen sich kennen. Alles ist in Ihnen.

F: Himmel und Weite, ich hatte so viel Sehnsucht nach euch. Und jetzt bin ich bei euch. Das Licht ist so hell, dass es mich fast blendet. Ich muss mich daran gewöhnen. (Nach einer Pause.) Jetzt sehe ich, dass mein Herz bei mir ist. Es freut sich, dass ich meinen Himmel, meine Weite und mein Licht gefunden habe. Und jetzt schwebt noch jemand neben mir. Es ist die Aggression. Sie ist hell geworden und freundlich. Sie sagt, dahin wollte ich dich schon immer bringen.

I: Sie haben den Mut gehabt, sich Ihrer Aggression auszuliefern. Sie haben sich innerlich zerreißen lassen. Und jetzt kann die Aggression Ihnen etwas Angenehmes schenken. So ist es in der inneren Welt.

F: Ich fliege im Himmel. Ich spüre die Weite und genieße das Licht. In mir ist Freude. Ich bin glücklich. Jetzt spüre ich auch meinen Körper wieder. Er ist fließend warm und entspannt. Auch die Füße, die vorhin kühl waren, sind jetzt warm. Es ist ein Wunder. Ich kann es kaum glauben.

I: Wenn Sie möchten, sagen Sie der Aggression, dass Sie sie in die Arme nehmen kann.

F: Das probiere ich aus. Aggression, nimm mich in deine Arme. (Nach einer Pause.) Die Aggression drückt mich kräftig. Ich spüre viel Wärme, sogar Geborgenheit. Die Aggression ist ganz fröhlich und sagt: Darauf habe ich schon lange gewartet. Du hattest nur kein Vertrauen zu mir. (Überrascht.) Jetzt spüre ich viel Vertrauen. Mein Herz schwebt daneben und freut sich.

I: Machen Sie sich bewusst, dass Sie das alles sind. Nicht nur der Himmel und die Weite und das Licht, sondern auch die Aggression, die Angst, das Herz und das Vertrauen. In Ihnen gibt es eine unermessliche, bunte, lebendige Welt, die Sie im Laufe der Zeit kennen lernen können. Dabei wird Ihnen immer wieder

Unangenehmes, Schwieriges oder Bedrohliches begegnen, aber ebenso auch Angenehmes und Beglückendes. Das ist der Weg nach innen.

## *Die Lokomotive*

Ein Mann, etwa 50 Jahre alt, kommt zu mir. Er hatte an einem meiner Wochenend-Seminare teilgenommen. Er erzählt mir, dass er immer wieder unerklärliche Ängste hat. Er leidet an niedrigem Blutdruck und ist häufig erschöpft. In der Einzelbegleitung spricht er zuerst seine Aufregung an und erlebt, dass eine große Angst, fast schon eine Panik, aufkommt. Ich (I:) ermutige den Mann (M:).

I: Sprich doch deine große Angst an. Du kannst ihr sagen, dass du sie jetzt spürst.
M: Das fällt mir sehr schwer. Ich bin schon in Panik.
I: Dann sage: Panik, ich spüre dich.
M: Was wird dann mit mir geschehen?
I: Probiere es aus. Ich würde dich nie ermutigen, wenn es gefährlich wäre.
M: Panik, ich spüre dich. Ich finde dich schrecklich. Ich hasse dich.
I: Woran denkst du oder woran erinnerst du dich, wenn du diese große Angst spürst?
M: Eigentlich gibt es keinen Grund für diese Angst. Da ist nichts, vor dem ich Angst haben müsste. (Er wird ganz still. Dann verkrampft er sich.)
I: Was geschieht jetzt mit dir?
M: Mein Gott, jetzt denke ich an einen schrecklichen Traum, der mich seit meiner Kindheit verfolgt. Ich stehe auf Eisenbahnschienen und aus der Ferne donnert eine schwarze Dampflokomotive heran. Sie pfeift laut. Es kommt dicker Qualm aus der Maschine. Ich stehe da und kann nicht entkommen, ich bin stocksteif in Panik. (Er schüttelt sich und macht die Augen auf.) Vor dem Aufprall bin ich immer schweißgebadet aufgewacht. Danach konnte ich lange nicht mehr einschlafen. Noch vor wenigen Wochen hatte ich diesen Albtraum auch wieder. Ich kann es nicht aushalten.

I: Du könntest die Reise abbrechen. Aber ich kann dich ermutigen, mit diesem schrecklichen Traum innere Erfahrungen zu machen. Mach dir bewusst, dass du hier sicher auf der Unterlage ruhst. Die bedrohliche Lokomotive ist ganz in dir.
M: So ganz verstehe ich das nicht. Aber das kann doch Schaden anrichten. Vielleicht werde ich verrückt.
I: Probiere mal aus, was dann in dir geschieht. Du kannst es jederzeit abbrechen.
M: Das fällt mir schwer. Aber ich habe Vertrauen zu dir, Klaus.
I: Wichtig ist, dass du Vertrauen zu dir selbst gewinnst. Das geht nur, wenn du dich kennen lernst. Stelle dir vor, dass du wieder auf den Schienen stehst und die Lokomotive aus der Ferne heran donnert.
M: (Aufgeregt.) Ich weiß nicht, ob ich das schaffe. (Nach einer Pause.) Ich sehe sie kommen. Schrecklich. Furchtbar. Ich bin in Panik.
I: Sprich die Lokomotive an. Sage ihr, dass sie dir Panik macht.
M: Das ist aber komisch, die Lokomotive anzusprechen. Aber wenn du meinst. (Zögernd.) Schreckliche Lokomotive, ich bin in Panik, wenn ich dich kommen sehe.
I: Wenn es dir möglich ist, sage deiner Panik, dass du sie jetzt zulässt.
M: Panik, ich lasse dich zu. (Nach einer Pause.) Es ist schrecklich. Ich bin völlig verkrampft.
I: Wenn es geht, sage der Lokomotive, dass du dich ihr anvertraust.
M: Das schaffe ich nicht. Das ist zu schrecklich.
I: Dein Körper liegt hier ganz sicher. Deswegen kann ich dich ermutigen, dich der Lokomotive anzuvertrauen.
M: (Voller Angst.) Lokomotive, ich vertraue mich dir an.
I: Was geschieht mit dir?
M: (Er zittert und kann kaum sprechen.) Furchtbar, furchtbar! Ein furchtbarer Aufprall. Mein Körper zerplatzt in tausend Stücke. Ich glaube, ich sterbe.
I: Lasse es geschehen. (Ich warte einen Augenblick.) Wie fühlst du dich jetzt?
M: Ich bin erstaunt. Ich lebe noch. Es tut nicht weh. Das hätte ich

nicht gedacht. (Nach einer Pause.) Jetzt ist mein Körper ganz entspannt. Er fühlt sich leicht an. Und jetzt fließt eine warme Kraft bis in meine Füße und Hände. Ich kann das nicht glauben. Die Lokomotive steht ruhig auf den Gleisen. Da ist weißer Dampf und sie sieht nicht mehr so bedrohlich aus.
I: Frage die Lokomotive, ob sie in dir ist.
M: Das ist mir ganz neu. Lokomotive, bist du in mir? (Nach einer Pause.) Es ist verrückt, die Lokomotive sagt Ja.
I: Du kannst die Lokomotive fragen, wer sie in dir ist. Vielleicht bekommst du eine Antwort.
M: Lokomotive, werde bist du denn in mir? (Nach einer Pause.) Sie sagt: ich bin deine Aggression. Zu mir hattest du bisher wenig Vertrauen.
I: Wie fühlst du dich jetzt?
M: Kann es sein, dass ich vor meiner eigenen Aggression so viel Angst hatte?
I: So wird es wohl sein. Dass dir diese aggressive Kraft so unerträglich und bedrohlich war, ist bei uns fast normal. Die meisten Menschen glauben, dass man Aggression auch im Inneren ständig unter Kontrolle halten muss.
M: Aber Aggression und Gewalt können doch großen Schaden anrichten.
I: In der äußeren Welt darf man Aggression nicht einfach ausleben und andere Menschen verletzen oder töten. In der inneren Welt ist die Aggression und die Gewalt eine völlig harmlose Lebenskraft, die einem friedlich zur Verfügung steht, wenn man Vertrauen zu ihr hat.
M: Das ist für mich völlig neu. Meine Mutter war manchmal sehr aggressiv mit mir. Manchmal hat sie mich verprügelt. Da habe ich mir geschworen, nicht so zu werden wie meine Mutter.
I: Deine Mutter ist unbewusst mit ihren eigenen Aggressionen umgegangen. Innerlich war sie sicher oft ganz hilflos und hat dann aggressiv dagegen gekämpft. Wenn man so mit sich umgeht, kann es sein, dass man auf jemand anderen losgeht, den man als Ursache seiner unerträglichen Gefühle hält.
M: Ich dachte immer, dass meine Mutter stark war. Es ist ganz neu zu denken, dass sie hilflos war und dann geprügelt hat. (Nach

einer Pause.) Mir wird jetzt bewusst, dass ich mich immer ganz scheußlich gefühlt habe, wenn ich schwach und hilflos war. Dann habe ich wohl auch unbewusst dagegen gekämpft. Gleichzeitig habe ich die Aggression blockiert, um nach außen nicht gewalttätig zu werden.

I: Diese große Kraft hat sich dir in deinen Träumen als die gewalttätige Lokomotive dargestellt. Du hast dich innen unbewusst und aggressiv mit aller Kraft gegen diese Energien gewehrt. Nachdem du dich der zerstörerischen Lokomotive ausgeliefert hast, wirst du erleben, dass die aggressive Lebenskraft friedlich in dir fließt und dass du draußen mit ihr nicht unbewusst Gewalt anwenden musst. Es gibt einen großen Schub an Vertrauen, wenn man das weiß.

## *Schuldgefühle*

Eine Frau, etwa 50 Jahre alt, war in einem meiner Seminare. Sie macht ihre erste Einzelbegleitung bei mir. Dabei ermutige ich (I:) sie (F:), sich ihrem Herzen zuzuwenden.

I: Wie fühlst du dich, wenn du an dein Herz denkst?
F: Ich habe Angst. Ich habe nie mit meinem Herzen Kontakt gehabt. Ich habe es völlig vergessen. Ich habe es schlecht behandelt mit Alkohol und Rauchen, auch mit dem Essen. Ich schäme mich.
I: Sage es deinem Herzen.
F: Herz, ich schäme mich, dass ich dich vergessen habe und dich gequält habe. (Sie weint.) Und jetzt kommen ganz dicke Schuldgefühle. Die haben mich mein ganzes Leben lang gequält. Immer habe ich mich schuldig gefühlt. Schon als Kind, wenn es meiner Mutter schlecht ging oder mein Vater wütend war. In der Ehe war ich auch für alles schuldig. Das hat mir mein Mann oft gesagt. (Sie weint laut.)
I: Du kannst sagen: Trauer, ich lasse dich zu.
F: Trauer, ich schäme mich vor dir. Aber ich lasse dich zu.
I: Wie fühlst du dich jetzt?
F: Ich denke an alle meine Schuldgefühle. (Wütend.) Ich hasse sie!

I: Sage es ihnen.
F: Ihr Scheißschuldgefühle, ich hasse euch. Verschwindet doch endlich!
I: Sage dem Hass, dass du ihn zulässt.
F: Ja, Hass, ich lasse dich endlich zu.
I: Wie fühlt er sich an?
F: Er macht mir Angst, aber er fühlt sich auch ganz kraftvoll und angenehm an.
I: Sage deinen Scheißschuldgefühlen, dass sie jetzt bekommen, was sie verdient haben. Und dann machst du mit ihnen, was du willst. Du kannst deinen Hass an ihnen ausleben.
F: Hass, ich lasse dich zu. Ihr verdammten Schuldgefühle, jetzt seid ihr dran. Ihr habt mir mein Leben zur Hölle gemacht. (Nach einer Pause) Die stehen da und grinsen dämlich. Die lachen mich aus. Sie sagen: Wir sind stärker.
I: Jetzt kannst du in deinem Hass mit ihnen machen, was du willst. Du kannst sie beschimpfen, du kannst sie beleidigen, du kannst gewalttätig werden. Wenn du willst, nimm dir eine dicke Keule und haue sie platt.
F: Das ist viel zu wenig. Ich bin so wütend. Ich bin voller Hass. Ich habe eine große Kettensäge. Jetzt kriegen die Schuldgefühle endlich Angst und grinsen nicht mehr. Sie laufen auch nicht weg. (Aufgeregt.) Und jetzt zersäge ich sie. Von oben nach unten. Auch in Scheiben, quer durch den Körper. Da spritzt das Blut. Die Kettensäge kreischt und ich zersäge alle diese Scheißschuldgefühle. Ich erwische sie alle. Alles ist voller Blut. Oh Gott, bin ich erleichtert. Ich freue mich. Und mein Herz guckt zu und streckt den Daumen in die Luft. Ich kann nicht glauben, dass das Herz richtig begeistert ist und sagt: Wie schön, dass du endlich deinen Hass und deine Gewalt kennen lernst.
I: In deinem Inneren darfst du alles machen. Dort sind Hass und Gewalt ganz anders als in der äußeren Welt. Damit kannst du dich vertraut machen.
F: (Erstaunt.) Das ist aber seltsam. Jetzt stehen die Schuldgefühle alle wieder unverletzt da. Sie sind ganz still und viel kleiner als vorher. Ein bisschen bin ich enttäuscht. Aber so fühlen sie sich erträglicher an.

I: Denke daran, dass die Schuldgefühle dich zu deinem Hass und deiner Gewalt gebracht haben, zu denen du bisher wenig Vertrauen hattest. In deinem Inneren hast du eben grausam gewütet. Und jetzt siehst du, dass du nichts beschädigt oder zerstört hast. Stelle dir vor, mit diesen großen aggressiven Kräften im Inneren offener und vertrauter zu leben. Du wirst erfahren, dass sie dir lebendige Energien schenken, die friedlich in dir fließen und dich nicht dazu bringen, außen Schaden anzurichten. Wenn du möchtest, danke deinen Schuldgefühlen, dass sie dich zu deinem Hass und deiner Gewalt gebracht haben.

F: Es fällt mir immer noch schwer, den Schuldgefühlen zu danken. Aber ich sage es einfach einmal: Schuldgefühle, ich danke euch, dass ihr mich im Inneren zu meinem Hass und zu meiner Gewalt gebracht habt.

I: Eigentlich haben dich nicht die Schuldgefühle so gequält, sondern dein Umgang mit ihnen. Unbewusst hast du sie heftig bekämpft, um sie zu überwinden. Dadurch haben sie sich so bedrohlich und übermächtig angefühlt. Wenn du in Zukunft mit deinen Schuldgefühlen bewusster lebst, helfen sie dir, dich innerlich kennen zu lernen.

## *Der Speer im Herzen*

Zu mir kommt eine etwa 40-jährige Frau, die schon öfter intensive innere Erfahrungen bei mir gemacht hat. Sie (F:) spricht mit mir (I:) über Einsamkeit und Verlassensein. Am Anfang der inneren Reise kommt sie in Kontakt mit ihrem Herzen.

I: Wie sieht dein Herz aus, wenn du bei ihm bist?

F: Es freut sich, dass ich wieder zu ihm komme. Ich bin schon ganz vertraut mit ihm. Ich spüre es öfter, ich rede mit ihm. Manchmal meldet es sich, indem es lauter schlägt oder aufgeregt wird. Dann höre ich ihm zu.

I: Was empfindest du jetzt, wenn du merkst, wie vertraut du mit deinem Herzen bist?

F: Es ist einfach schön. Es hat meine Beziehungen nach innen schon sehr verändert.

I: Wenn du möchtest, frage dein Herz, ob es dir irgend etwas zeigen will, was du vielleicht noch nie in dir wahrgenommen hast.

F: Das ist eine interessante Idee. Herz, willst du mir etwas zeigen, was ich noch nicht in mir kenne? Das Herz sagt sofort Ja. (Nach einer Pause.) Ich spüre jetzt einen Schmerz in meinem Herzen. (Erstaunt.) Wenn ich hinsehe, ist da ein großer Speer tief in meinem Herzen. (Aufgeregt.) Ich bin entsetzt. Was soll ich machen? Wie bekomme ich den Speer aus den Herzen heraus? Das Herz ist schwer verletzt.

I: Auch wenn es dir schwer fällt, sage dem Speer und der Verletzung, dass du sie spürst. Du musst nichts tun. Du musst den Speer nicht herausziehen Du musst auch nicht verstehen, warum der Speer in deinem Herzen steckt. Denke daran, dass du dein Herz gebeten hast, dir etwas zu zeigen, was du noch nicht in dir wahrgenommen hast.

F: Daran habe ich in meinem Schrecken gar nicht gedacht. Also, Speer und Verletzung, ihr gehört wohl auch zu mir. Ich fühle mich nicht wohl mit euch. Ihr macht mir Angst.

I: Wie verhält sich dein Herz mit dem Speer?

F: Es ist erstaunlich ruhig. Ich merke, dass ich etwas erlebe, was ich mir nie ansehen konnte und wollte. Jetzt kommt wieder Angst und ich werde unruhiger.

I: Woran denkst du oder woran erinnerst du dich?

F: (Nach einer Pause.) Ich denke ein meine Mutter. Sie hat mich versorgt und gestillt und mich in mein Zimmer gelegt. Und dann hatte sie keine Zeit mehr für mich. Ich habe sie schrecklich vermisst. Aber ich habe nicht geschrieen. Ich war pflegeleicht, obwohl ich da nicht allein liegen mochte. Ich fühlte mich verlassen und einsam. Das habe ich später in meinem Leben auch öfter in Beziehungen erlitten.

I: Wenn du möchtest, sage der Einsamkeit und der Verlassenheit, dass sie zu dir gehören.

F: Einsamkeit und Verlassenheit, ich mag euch nicht, aber ihr gehört wohl auch zu mir. (Nach einer Pause.) Später habe ich erfahren, warum sich meine Mutter so wenig um mich gekümmert hat. Meine Tante hatte auch gerade ein Kind bekommen. Aber

es ging ihr nicht gut. Sie war völlig überfordert. Meine Mutter musste ihr helfen.
I: Auch wenn du jetzt verstehst, warum deine Mutter dich abgelegt hat, sage ihr, dass du da nicht allein liegen möchtest. Sage deiner Mutter, dass du sie brauchst.
F: Das fällt mir sehr schwer. Wie wenig habe ich meine Bedürfnisse geäußert! Auch in anderen Beziehungen.
I: Versuche doch, deiner Mutter, so wie sie in deiner Kindheit war, zu sagen, was du brauchst.
F: Mama, ich möchte bei dir sein. Ich will hier nicht allein liegen. Ich brauche dich. (Sie weint.)
I: Versuche, deine Trauer zuzulassen. Wie verhält sich deine Mama, wenn sie dich hört und dich so traurig sieht?
F: Sie ist betroffen. Sie sieht auch traurig aus.
I: Sage deiner Mama, dass sie auch betroffen und traurig sein kann. Wenn du möchtest, gehe zu ihr hin. Lasse dich von ihr berühren oder dich von ihr in die Arme nehmen.
F: Mama, du kannst betroffen und traurig sein. Ich bin es auch. Mama, nimm mich in deine Arme. Das macht sie sofort. Es fühlt sich gut an. Ich fühle mich geborgen.
I: Sage der Mama, dass du dich in ihren Armen geborgen fühlst.
F: Mama, ich fühle mich geborgen bei dir. Sie lächelt und drückt mich an sich. Es ist schön.
I: Wie sieht sie denn jetzt aus, wenn sie dich so hält?
F: Sie ist ganz weich und offen. Sie sieht anders aus als meine Mama. Sie hat sich verändert.
I: Diese Mutter kennst du noch nicht. Frage sie, ob sie in dir ist. Ob sie deine innere Mutter ist?
F: Was ist denn das? Ich bin ein bisschen verwirrt. Wer ist denn die innere Mutter?
I: Das innere Kind hast du ja schon früher kennen gelernt. Ähnlich gibt es eine innere Mutter und einen inneren Vater. Du kannst es auch Mütterlichkeit und Väterlichkeit nennen. Es sind Teile deiner Seele. Lerne die innere Mutter kennen.
F: Bist du meine innere Mutter? Sie sagt sofort Ja. Sie sieht ganz anders aus als meine wirkliche Mutter. Sie ist viel weiblicher, offener und verständiger.

I: Das ist die ideale Mutter, nach der man sich sehnt. Äußere Menschen können diese Sehnsucht nicht stillen, denn sie sind meistens unbewusst und haben ihre Grenzen und Probleme. Wenn du möchtest, frage die innere Mutter, ob sie schon immer in dir war.
F: Innere Mutter, warst du schon immer in mir? Sie sagt Ja, aber du hast mich nicht wahrgenommen.
I: Das ist unser Leiden. Wir tragen mit uns Bilder von unbewussten Menschen aus unserer Kindheit herum, an denen wir gelitten haben. Unbewusst schützen wir uns vor diesen Bildern, zum Beispiel der schwierigen Mutter. Und dann geht es im Inneren nicht weiter. So kann man dann auch das nicht finden, nach dem man sich sehnt, zum Beispiel die innere Mutter. Wenn du es wissen möchtest, frage die innere Mutter, ob sie dich dein Leben lang begleitet und geführt hat. Und frage sie auch, ob sie dich dein Leben lang geliebt hat.
F: Innere Mutter, warst du schon immer bei mir? Hast du mich geliebt? Sie sagt Ja und lächelt.
I: Wie fühlst du dich jetzt mit deiner inneren Mutter?
F: Es geht mir sehr gut. Ich liege ganz klein und nackt im Bett meiner Eltern. Meine Mutter und mein Vater sehen mich an. Sie freuen sich, dass ich da bin. Und sie sind stolz auf mich. Ich bin glücklich.
I: Frage diesen Vater, ob er dein innerer Vater ist.
F: (Überrascht.) Bist du mein innerer Vater? Er lacht und sagt fröhlich: Natürlich bin ich dein innerer Vater. Ich freue mich, dass du mich kennen lernst. Ich habe schon auf dich gewartet.
I: Wie fühlst du dich, wenn du merkst, dass du ganz in dir bist? Es geht jetzt nicht um deine leiblichen Eltern, die sind nicht hier. Du schaust nach innen. Dort findest du deine inneren Eltern. So kannst du in dir die Liebe und die Aufmerksamkeit finden, die dir äußere Menschen so nicht geben konnten.
F: So richtig kann ich es noch nicht begreifen. Aber ich merke, dass ich mich sehr wohl fühle als Baby im Bett meiner Eltern. Ich meine im Bett meiner inneren Eltern. So etwas habe ich noch nicht erlebt.
I: Wie geht es deinem Herzen, das das alles miterlebt?

F: Mein Herz habe ich zwischendurch vergessen. Es ist ganz ruhig. Ich sehe, dass der Speer aus der Wunde herausgerutscht ist. Aber die Verletzung ist vereitert. Das breitet sich über das ganze Herz aus. Alles ist voller Eiter und es stinkt.
I: Wie fühlst in dich?
F: Es ist nicht angenehm. Aber ich kann es ertragen. Für mich ist die Vereiterung etwas Hilfreiches. Da verändert sich etwas. Da wird etwas bereinigt.
I: Dann sage deinem Herzen, dass es auch so zu dir gehört. Und dass du es so ertragen kannst. Du musst nicht verstehen, was mit deinem Herzen geschieht. Und du musst es auch nicht ändern.
F: Herz, du gehörst auch so zu mir. (Erstaunt.) Das Herz lächelt. Es verändert sich. Der Eiter ist nicht mehr so dick. Darunter ist alles gesund. Der Speer liegt friedlich neben den Herzen.
I: Du hast dein Herz gebeten, dir etwas zu zeigen, zu dem du bisher wenig Vertrauen hattest. Das hat dein Herz mit dir gemacht. Wenn du möchtest, kannst du dem Herzen, dem Speer und der Verletzung danken. Sie haben dich zu dem schwierigen Thema gebracht, dass du deine Bedürfnisse nicht äußern konntest. Und sie haben dich zu deiner inneren Mutter, deinem inneren Vater, deiner Geborgenheit und deiner Liebe geführt.
F: Das tue ich gern. Ich danke euch allen und ich freue mich, jetzt mit der inneren Mutter und dem inneren Vater leben zu können, die ich durch eure Hilfe in mir gefunden habe.

## *Den eigenen Körper zerstören*

Eine etwa 55-jährigen Frau (F:) kommt zum ersten Mal zu mir (I:). Sie leidet an ständiger Unruhe. Sie ist meistens ganz angespannt und hat immer öfter Migräne. Sie hat Schmerzen in der Wirbelsäule. Oft fühlt sie sich erschöpft und ausgelaugt. Sie mag ihren alternden Körper nicht.
I: Wie fühlen Sie sich?
F: Ich fühle mich ganz schlecht. Ich bin unruhig. Ich mag es nicht.
I: Wenn es Ihnen möglich ist, können Sie sagen: Unruhe, ich spüre dich.

F: Das tue ich nicht gerne. Ich will ja die Unruhe endlich überwinden.
I: Da die Unruhe gerade in Ihnen ist, könnten Sie sie ansprechen.
F: Na gut: Unruhe, ich spüre dich.
I: Was könnte geschehen, wenn die Unruhe noch größer würde?
F: Daran mag ich nicht denken. Ich habe die Nase voll von der dauernden Unruhe. Vielleicht kriege ich dann gleich wieder Migräne.
I: Wie geht es Ihrem Herzen? Ist es ruhig oder aufgeregt?
F: Mein Herz ist natürlich auch aufgeregt.
I: Wollen Sie Ihr Herz mal besuchen?
F: Nein, das will ich nicht. Das Herz macht mir viel Ärger. Ich habe niedrigen Blutdruck, ich bin oft erschöpft. Das kommt von meinem Herzen.
I: Dann sagen Sie Ihrem Herzen, dass Sie es nicht mögen und dass Sie nicht zu Ihm kommen wollen.
F: (Wütend.) Was soll ich mit meinem Herzen reden? Ich bin wütend, wenn ich nur an mein Herz denke. Das reicht mir. Und jetzt meldet sich mein Kopf. Da ist ein starker Druck. Ich glaube, ich kriege Migräne. Das fehlt gerade noch. Jetzt spüre ich meine Wirbelsäule. Sie fängt an zu schmerzen. Ich kann kaum noch liegen. (Wütend.) Ich habe genug von euch, Herz, Kopf, Wirbelsäule. (Sie weint.) Warum müsst ihr mich so quälen?
I: Was möchten Sie in Ihrer Wut machen, wenn Sie alles tun dürfen?
F: Gott, bin ich sauer auf meinen Körper. Ich möchte ihn loswerden. Ich möchte ihn kaputtmachen, weil er mich so quält.
I: Da, wo Sie jetzt sind, können Sie alles machen. Sie können sagen: Wut, ich lasse dich zu. Und dann machen Sie mit Ihrem Körper, was Sie wollen.
F: Wut, ich lasse dich zu. Und jetzt tobe ich vor Wut. Ich reiße den Kopf ab und knalle ihn auf den Boden. Du blöder Kopf, dauernd quatscht du dazwischen und dann die Migräne.
I: Sie können ihm auch noch ein paar Fußtritte verpassen oder ihn platt trampeln. Er muss doch endlich mal merken, was er ihnen bisher angetan hat.

F: Das ist gut. Ich spiele mit meinem blöden Kopf Fußball. Das macht Spaß.
I: Sagen Sie Ihrem Kopf, dass es Ihnen Spaß macht, mit ihm Fußball zu spielen.
F: Das hast du jetzt davon, blöder Kopf. Aber es macht mir Spaß, dich anständig zu treten. Du hast es verdient. (Erschrocken.) Au! Jetzt schreit meine Wirbelsäule. Sie sticht ganz heftig. Ein starker Schmerz. Ich kann es kaum ertragen.
I: Sie können auch mit Ihrer Wirbelsäule machen, was Sie wollen.
F: (Wütend.) Du Scheißwirbelsäule, du hast mich lange genug gequält. Jetzt bist du dran. Ich reiß dich raus. (Überrascht.) Das geht ganz leicht. Ich habe die Wirbelsäule in der Hand. Und jetzt knacke ich sie kaputt. Wirbel für Wirbel. Und dann trample ich die Wirbel zu Matsch. Das hast du jetzt davon, du blöde Wirbelsäule.
I: Wie fühlen Sie sich, wenn Sie so gewalttätig mit Ihrem Kopf und Ihrer Wirbelsäule umgehen?
F: Ich fühle mich sehr gut. Kopf und Wirbelsäule sind ganz ruhig geworden. Das überrascht mich. Wie kann das nur angehen?
I: So fühlt es sich an, wenn Sie sich mit Ihrer Wut und Ihrer Gewalt innerlich vertrauter machen.
F: Jetzt denke ich an meinen Körper, der immer älter wird. Ich mag ihn immer weniger. Ich leide an ihm. (Sie wird wütend.) Körper, jetzt kriegst du auch, was du verdient hast. Ich mache dich kaputt. (Überrascht.) Ich versuche, ihn zu zerreißen. Das geht aber nicht, weil er zu zäh ist. Ich nehme mir ein scharfes Beil und hacke ihn klein. Ich hacke die kalten Füße ab. Dann die dicken Beine, das Becken, den dicken Bauch, den blockierten Oberkörper, das Herz und dann auch die Arme und Hände. Alles liegt zerhackt und blutig da. Jetzt bin ich zufrieden. (Überrascht.) Daneben steht der Tod und guckt mich an. Das macht mir Angst.
I: Haben Sie sich manchmal nach dem Tod gesehnt?
F: Wenn es mir so schlecht ging, habe ich mich öfter einfach weggesehnt. Ich wollte dann nicht mehr auf der Erde leben.
I: Sagen Sie dem Tod, dass Sie sich manchmal nach ihm gesehnt haben.

F: Tod, ich habe mich nach dir gesehnt.
I: Wie sieht der Tod aus oder wie stellen Sie sich ihn vor, wenn Sie ihm das sagen?
F: Er steht da in einem schwarzen Umhang. Er hat ein Knochengesicht, aber er lächelt.
I: Sie können zu ihm hingehen. Sie können sagen: Tod, ich vertraue mich dir an. Bringe mich dahin, wohin du mich schon immer bringen wolltest.
F: Das macht mir aber Angst. Darf ich das wirklich?
I: Es geht ganz um Ihre eigene innere Welt. Dort darf man alles machen und auch alles zulassen. Probieren Sie es aus. Wenn es unerträglich wird, sagen Sie Stopp und brechen es ab.
F: Tod, bringe mich dahin, wohin du mich bringen willst. (Nach einer Pause.) Er nimmt mich in seine Arme und fliegt mit mir weg. Da ich keinen Körper mehr habe, bin ich ganz leicht. Ich fliege mit dem Tod, ohne mich anzustrengen. Es ist wunderschön. Das hätte ich nicht gedacht.
I: Sie sind ganz in sich. Der Tod, die Leichtigkeit und das Fliegen sind ganz normale innere Zustände. Sie müssen nicht erst sterben, um dahin zu kommen. Machen Sie sich mit solchen inneren Zuständen vertraut.
F: Jetzt spüre ich eine große Weite. Ich dehne mich immer mehr aus. Ich löse mich auf. Da sind keine Grenzen. Der Tod ist immer noch bei mir. Er freut sich.
I: Sagen Sie dem Tod, dass Sie sich bei ihm sehr wohl fühlen. Jetzt erfüllt sich Ihre Todessehnsucht. Sie wollte nicht, dass Sie sich umbringen, sondern dass Sie sich mit Ihrer inneren Welt vertrauter machen, in der es wunderbare Zustände gibt.
F: Tod, ich fühle mich sehr wohl mit dir. Danach habe ich mich gesehnt. (Nach einer Pause.) Jetzt wird es ganz hell. Da geht eine große Sonne auf. Alles ist Licht. Wie sehr habe ich mich danach gesehnt. Selbst der Tod ist Licht. Ich bin sehr tief gerührt. Ich kann nicht begreifen, dass mir das Licht geschenkt wird. Und dann auch noch von meinem Tod.
I: Sie haben sich Ihrer Wut und Ihrer Aggression innerlich geöffnet und sich dem inneren Tod anvertraut. So fühlt sich das an. Es ist der Weg ins Vertrauen.

F: Ich fühle mich ganz wohl. In mir ist es still geworden. Ich bin leicht, weit und hell. Es ist alles da. Jetzt spüre ich auch wieder meinen Körper, der da liegt. Er ist ganz heil und warm durchströmt bis in die Füße hinein. Der Körper sagt mir, dass er nicht sauer ist, dass ich ihn zerhackt habe. Er freut sich, dass ich meine Wut und meine Gewalt innerlich ausgelebt habe. Diese Kräfte tun meinem Körper sehr gut.

I: All das, was Sie erlebt haben, ist immer in Ihnen, unabhängig davon, ob Sie es spüren oder nicht. Sie werden die angenehmen Zustände immer wieder mal vergessen, sie gehen Ihnen aber nicht verloren. Sie brauchen sich nur an diese Erfahrung zu erinnern, um mit diesen Zuständen wieder in Kontakt zu kommen.

F: Jetzt sind da auch keine Schmerzen mehr im Kopf oder in der Wirbelsäule. Der Körper ist voller Lebendigkeit und Offenheit. Trotzdem ist eine große Stille in mir und der Kopf sagt nichts mehr. Ich bin sehr berührt.

I: Wenn Sie möchten, sagen Sie Ihrem Körper, dass Sie sich so in ihm ganz wohl fühlen. Das wird ihn freuen.

F: Mein Körper, so habe ich dich schon lange nicht mehr gespürt. So bist du mir angenehm.

I: So fühlt es sich an, wenn Sie sich besser kennen und wenn Sie mehr Vertrauen zu sich haben. Erwarten Sie nicht, das die körperlichen Probleme verschwunden sind. Erwarten Sie aber auch nicht, dass diese tief greifenden inneren Erfahrungen keine Wirkung auf den Körper haben. Es ist alles möglich.

## Die Wut am Vater ausleben

Ein Mann (35) hat starke Aggressionen, die er zwanghaft und leidvoll ausleben muss. Dadurch hat er in Beziehungen und auch im Beruf große Probleme. Da es immer schlimmer wird, fürchtet er, gewalttätig zu werden. Ein Psychologe hatte die Behandlung abgelehnt und ihm empfohlen, zu einem Psychiater zu gehen.

Er hatte ein Wochenendesseminar bei mir besucht und eine Einzelbegleitung gemacht, in der er das Thema Aggressionen aber nicht betrachten konnte. Jetzt kommt er (M:) zu mir (I:) mit dem Wunsch, seine Aggressionen kennen zu lernen. Vor der Begleitung sagt er, dass er große Angst vor seiner Gewalt hat.

I: Sage deiner Gewalt doch gleich, dass du große Angst vor ihr hast.
M: Gewalt, ich habe große Angst vor dir. Ich fürchte, dass ich eines Tages die Kontrolle über dich verliere.
I: Woran erinnerst du dich, wenn du dich deiner Gewalt zuwendest?
M: Da denke ich an meinen Vater. Er war häufig aggressiv und sogar gewalttätig gegen mich. Aber eigentlich will ich mich nicht mehr mit ihm beschäftigen. Das habe ich in Therapien lange genug getan. Ich glaube, dass das Thema für mich erledigt ist. Ich habe meinem Vater verziehen.
I: Wie sieht dein Vater aus, wenn du dich jetzt an ihn erinnerst aus deiner Kindheit?
M: Er brüllt gerade wieder herum. Er beschimpft meine Mutter und gibt mir eine Ohrfeige. Ich weiß gar nicht warum.
I: Wie fühlst du dich dabei?
M: Ich bin völlig hilflos. Ich kann nichts tun. Aber jetzt kommt eine große Wut in mir hoch. Die kriecht durch den ganzen Körper.
I: Sage der Wut, dass du sie spürst.
M: Wut, ich spüre dich. Du machst mir große Angst.
I: Dann sage doch deiner Angst, dass sie jetzt auch dabei sein kann.
M: Angst, ich mag dich nicht. Aber du gehörst wohl auch zu mir.
I: Sage deinem Vater, dass du voller Wut bist, wenn du an ihn denkst.
M: Das fällt mir sehr schwer. Vielleicht geht der dann auf mich los und verprügelt mich noch schlimmer.
I: Probiere, deinem Vater zu sagen, dass du ganz wütend bist.
M: (Er zögert.) Vater, ich bin wütend auf dich, wie du mit Mama und mir umgehst.
I: Wie verhält er sich?
M: Er reagiert überhaupt nicht. So wie immer. Ihn interessiert das nicht.

I: Wenn du willst, kannst du sagen: Wut, ich lasse dich zu. Und dann machst du mit deinem Vater, was du willst.
M: Wut, ich lasse dich jetzt zu. (Laut.) Vater, ich hasse dich. Du bist ein aggressives Schwein. (Er zittert vor Erregung.) Du hast uns gequält und gedemütigt. Ich bin so wütend. Ich könnte dich verprügeln. Aber das darf ich ja nicht.
I: Da, wo du jetzt bist, kannst du machen, was du willst. Du kannst ihn sogar verprügeln.
M: Ich habe Angst davor. Aber jetzt gehe ich hin und haue ihm in die Fresse.
I: Wie verhält er sich, wenn du so mit ihm umgehst?
M: Er reagiert überhaupt nicht. Er steht da und guckt blöde. Das macht mich noch wütender. Du Arschloch.
I: Du kannst mit ihm machen, was du willst.
M: Ich trete ihn mit aller Kraft. Er fällt um. Ich trample auf ihm herum. Die Rippen krachen. Ich kann gar nicht wieder aufhören. Ich springe auf den Kopf. Der platzt. Ich trample den Vater zu Matsch.
I: Wie fühlst du dich jetzt?
M: Ich bin völlig erleichtert. (Erstaunt.) Ich freue mich sogar.
I: Sage deiner Erleichterung, dass du sie magst. Und sage deiner Gewalt, dass sie dir Freude macht.
M: Erleichterung, ich mag dich. Mir fällt es aber schwer, der Gewalt zu sagen, dass sie mir Freude macht.
I: Aber es ist ja so. Du hast deine Gewalt ausgelebt und freust dich darüber.
M: Gewalt, du machst mir Freude. Ich habe aber trotzdem Angst. Was, wenn ich das auch draußen mache, wenn ich meine Kontrolle verliere?
I: Jetzt geht es darum, dich innerlich mit deiner Wut und deiner Aggression vertrauter zu machen. Wenn du weißt, dass du dich innen vor diesen Kräften nicht mehr schützen musst, gewinnst du viel Selbstvertrauen. Dann musst du mit diesen Kräften draußen unbewusst keinen Schaden anrichten. Trotzdem kannst du jetzt deine Angst und deinen Zweifel ansprechen.
M: Angst und Zweifel, ihr gehört auch dazu.

I: Wie sieht denn dein Vater jetzt aus, nachdem du ihn zertrampelt hast?
M: Der Matsch liegt da immer noch.
I: Frage doch, ob der Vater, den du eben umgebracht hast, in dir ist?
M: Wie meinst du das?
I: Gott sei Dank ist das, was du eben getan hast, ganz in dir geschehen. Das Bild des Vaters ist in dir. Die Gewalt ist in dir. Der Matsch ist auch in dir. Frage einfach mal: Vater, bist du in mir?
M: Vater, bist du in mir? (Überrascht.) Er steht wieder da. Er ist völlig unverletzt. Er lächelt sogar und sagt: Natürlich bin ich in dir, wo soll ich sonst sein? (Er zögert.) Ich bin völlig überrascht. Ich habe aber auch Angst.
I: Du bist die ganze Zeit bei dir. Du beschäftigst dich nicht mit dem äußeren Vater. Du erlebst eine Gestalt in dir, die so aussieht wie dein leiblicher Vater. Diese innere Gestalt kannst du kennen lernen in dir.
M: Ich bin verwirrt. Eben war ich noch ganz erleichtert, dass der Vater verschwunden war. Und jetzt ist er wieder da. Und er soll in mir sein?
I: Dann sage: Verwirrung, ich spüre dich.
M: Verwirrung, ich mag dich nicht. Aber du bist da.
I: Nun kannst du dich mit dieser inneren Gestalt vertrauter machen. Du könntest dich ihr anvertrauen und sagen: Gestalt, mach du jetzt auch mit mir, was du willst.
M: Das macht mir Angst. Ich denke sofort an meinen Vater, der mich vielleicht verprügelt. Das ist schrecklich.
I: Du liegst hier ganz sicher in deinem physischen Körper. Da ist niemand, der dich bedroht oder dich verprügeln will. Es geht um innere Erfahrungen. Dort kannst du deine Gewalt ausleben. Dort kannst du dich aber auch der Gewalt ausliefern. Ich würde dich nicht ermutigen, wenn das gefährlich wäre. Probiere es aus.
M: (Unsicher.) Innere Gestalt, ich versuche jetzt, mich dir anzuvertrauen. (Nach einer Pause.) Der Mann verwandelt sich. Er sieht anders aus als mein Vater. Er ist groß und aufgerichtet und kommt zu mir. Das macht mir Angst. Jetzt lächelt er mir zu. Er

ist wirklich ganz anders als mein Vater. Er nimmt mich in seine Arme. Ich spüre seine warme Kraft. Ich bin überrascht.

I: Frage ihn, ob der dein innerer Vater ist.

M: Bis du mein innerer Vater? Er lächelt und sagt: Ja, ich bin dein innerer Vater. (Nach einer Pause.) Was bedeutet das denn? Was ist mein innerer Vater? Ich bin schon wieder verwirrt.

I: Den Vater, nach dem wir uns sehnen, nenne ich den „inneren Vater". Du könntest auch sagen Väterlichkeit. Frage den inneren Vater, ob er schon immer so in dir war.

M: Innerer Vater, warst du schon immer in mir? Er sagt sofort Ja. Und dann sagt er: Du hast es nur nicht bemerkt.

I: Unser Leiden ist, dass wir nicht wissen, was wir alles in uns haben. Dann halten wir an Bildern von leidvollen Erfahrungen fest. So hat das Bild deines aggressiven Vaters dazu geführt, dass du dich innerlich vor dir selbst geschützt hast. Du konntest bisher nicht weitergehen, um die Erfahrung zu machen, dass es in dir eine ganz andere Vatergestalt gibt. Eben hast du das Bild des aggressiven Vaters in dir zerstört. Dadurch ist der Weg frei geworden zu deiner Väterlichkeit, zu deinem inneren Vater.

M: Der innere Vater nickt mit dem Kopf. Er freut sich. Er hat mich immer noch in seinen Armen. Ich fühle mich geborgen.

I: Das kannst du deinem inneren Vater sagen.

M: Innerer Vater, ich fühle mich wohl und geborgen bei dir.

I: Frage ihn, ob er dich dein Leben lang begleitet und geführt hat. Und frage ihn, ob er dich immer angenommen und geliebt hat.

M: Innerer Vater, warst du immer bei mir und hast du mich immer geliebt? Er sagt sofort Ja und lächelt. Er freut sich ganz offensichtlich, dass ich bei ihm bin.

I: Mit ihm kannst du jetzt bewusst leben. Du kannst ihn mitnehmen in deinen Alltag, wenn es dir gut geht, aber auch, wenn du Probleme hast. Er ist immer da, ob du ihn spürst oder nicht. Du wirst ihn manchmal wieder vergessen, aber er kann dir nicht verloren gehen.

M: So habe ich mir meinen Vater gewünscht.

I: Jetzt erfüllt sich deine Sehnsucht nach einem liebevollen Vater. Wie fühlst du dich, wenn du daran denkst, dass deine Wut und Gewalt das innere Bild des schwierigen Vaters zerstört haben

und damit einen Zugang zu deinem inneren Vater geöffnet haben?
M: Das ist wirklich erstaunlich. Bisher habe ich Wut, Aggression und Gewalt außen und innen immer unter Kontrolle zu halten versucht. Ich wollte nie so sein wie mein Vater. Jetzt habe ich zum ersten Mal in meinem Leben in mir total gewütet. Das hat offensichtlich keinen Schaden angerichtet, sondern etwas geöffnet. Ich merke gerade, dass in meinem Körper eine große warme Kraft fließt. Vielleicht kommt das ja auch von meiner Wut und meiner Gewalt.
I: Wenn du möchtest, danke ihnen für ihre Hilfe, die sie dir gegeben haben.
M: Wut und Gewalt in mir, ich danke euch, dass ihr mich zu meinem inneren Vater geführt habt und dass ihr mir wohl die große warme Kraft für meinen Körper schenkt. (Nach einer Pause.) Da stehen zwei große Gestalten und freuen sich. (Er ist gerührt.) Helft mir, im Laufe der Zeit mit euch innerlich vertrauter zu werden. Sie nicken mir zu.

## *Vergewaltigung*

Eine 35-jährige Frau war schon öfter bei mir und ist mit inneren Erfahrungen recht vertraut. Sie sitzt mir am Tisch gegenüber und ich merke, dass sie sehr verhalten wirkt. Ich ermutige sie, über das, was sie berührt, zu sprechen. Sie sagt: „Ich mag mich gar nicht daran erinnern." Dann erzählt sie stockend, dass sie mit 14 Jahren von einem Verwandten sexuell bedrängt worden ist. Sie weint, als sie erzählt, dass sie mit Männern große Probleme hat. Ich biete ihr an, eine innere Reise zu machen.
I: Wie fühlst du dich, nachdem du über den Missbrauch gesprochen hast?
F: Es war eine Vergewaltigung. (Sie weint.) Ich fühle mich ganz schlecht. Ich habe Angst. Und ich bin wütend. Er hat mir mein Leben versaut. Und meine Mutter hat mich nicht geschützt.
I: Sage dem Verwandten, dass du wütend bist.

F: Es war mein Onkel. (Laut.) Du Schwein, was hast du dir dabei gedacht?
I: Wie verhält er sich?
F: Er reagiert nicht. Ich bin so wütend.
I: Wenn du kannst, erinnere dich an das, was geschehen ist.
F: Das fällt mir ganz schwer. Aber ich kann mich genau erinnern. Ich denke oft daran zurück. Ich war in den Sommerferien bei meinem Onkel und meiner Tante zu Besuch. An dem Tag war meine Tante unterwegs und kam erst abends spät zurück. Mein Onkel war immer ganz fröhlich und witzig. Ich mochte ihn gern und wir haben viel miteinander gelacht. Dabei hat er mich auch mal an sich gedrückt und mich umarmt. Das war ganz angenehm. Er hat mir gesagt, wie schön ich bin. Das hat mir gefallen. Nachmittags haben wir ein Stück Kuchen gegessen. Wir saßen dabei am Tisch auf dem Sofa. Er rückte an mich heran und hat mich wie ein Kind mit Kuchen gefüttert. Es war ganz lustig. Dabei hat er den Arm um mich gelegt. Er hat mich festgehalten. Dann wurde er ganz aufgeregt. Er drückte mich an sich und streichelte mich. Ich kriegte Angst. Er hörte aber gar nicht auf. Er sagte: Du bist doch schon eine junge Frau. Er hat mich in das Sofa gedrückt und mich überall begrapscht. Ich war völlig überrascht und konnte gar nichts machen. Ich war ganz steif. Er ist in mich eingedrungen, es hat wehgetan. Ich hatte große Angst. Er war ganz wild und hat mir den Mund zugehalten. Ich weinte. Plötzlich war er fertig. Er hatte einen roten Kopf und sagte: Das darfst du niemandem erzählen, sonst will niemand mehr mit dir zu tun haben. Ich bin sofort mit dem Bus nach Hause gefahren. Meine Eltern waren nicht da. Ich habe mich eine halbe Stunde lang geduscht. Ich habe niemandem davon erzählt. Aber ich glaube, das meine Mutter irgend etwas geahnt hat. Sie hat immer so komisch geguckt, wenn ich den Onkel und die Tante nicht besuchen wollte.
I: Wie fühlst du dich jetzt, wenn du dich an die Situation auf dem Sofa erinnerst?
F: Es geht mir nicht gut.
I: Wie verhält sich dein Onkel, der neben dir auf dem Sofa sitzt?

F: (Aufgeregt und ängstlich.) Er drängt sich an mich heran. Ich habe große Angst.
I: Kannst du ihm sagen, dass er jetzt machen kann, was er will?
F: (Empört.) Was soll ich sagen? Das ist doch unmöglich. Nach dem, was er mir angetan hat!
I: Mache dir bewusst, dass du hier ganz sicher auf der Unterlage liegst. Da ist niemand, der dich bedrängt oder bedroht. Alles, was du jetzt erlebst, spielt sich in deiner inneren Welt ab. Da gibt es eine innere Gestalt, die so aussieht wie dein Onkel. Das Bild dieser inneren Gestalt hat in dir immer Angst und Abwehr ausgelöst. Aber diese innere Gestalt ist ein Teil von dir. Deswegen kann ich dich ermutigen, dich ihm auszuliefern. Ich würde es nicht tun, wenn es dir schaden könnte. Aber wenn du es nicht zulassen kannst, musst du es auch nicht machen.
F: So habe ich es noch nie gesehen. Trotzdem fühle ich mich richtig schlecht. Aber ich werde es versuchen. Es fällt mir sehr schwer. (Leise.) Also, du kannst machen, was du willst.
I: Was geschieht, wenn du dich jetzt nicht deinem leiblichen Onkel auslieferst, sondern einer inneren Gestalt?
F: (Nach einer Pause.) Ich bin überrascht. Er sieht plötzlich ganz anders aus. Er ist freundlich und ruhig. (Erschreckt.) Jetzt nimmt er mich in seine Arme. Er drückt mich. Es macht mir Angst. Ich merke jetzt, dass er sich ganz anders anfühlt. Er ist nicht aufgeregt, sondern ganz ruhig. Ich werde in seinen Armen auch ruhig. Ich spüre eine warme, friedliche Kraft von ihm.
I: Frage ihn, ob er in dir ist.
F: Er lacht und sagt: Natürlich bin ich in dir. Vor dieser Umarmung hast du dich immer gefürchtet.
I: Du lernst jetzt eine männliche Gestalt kennen, die in dir ist und mit der du dich vertrauter machen kannst. Du kannst die Gestalt fragen, wer er ist in dir.
F: Wer bist du? (Nach einer Pause.) Er sagt: Ich bin dein innerer Mann.
I: Frage ihn, ob er schon immer so in dir war.
F: Warst du schon immer in mir? (Nach einer Pause.) Er sagt: Ich war schon immer da. Ich konnte dich nur nicht erreichen, weil das Bild deines Onkels dazwischen stand. (Sie lächelt.) Und

jetzt freut er sich und sagt: auf diesen Augenblick habe ich gewartet. Jetzt kann ich dich erreichen, und du kannst mich erreichen.
I: Wie fühlst du dich, wenn du daran denkst, mit diesem inneren Mann zu leben, ihn mitzunehmen in den Alltag, wenn es dir gut geht oder wenn du Probleme hast.
F: Das ist ganz neu für mich. Daran muss ich mich gewönnen.
I: Frage ihn, ob er dich dein Leben lang geliebt hat, so wie du warst und wie du bist.
F: Er lächelt gleich und sagt Ja. (Nach einer Pause.) Ich kann es kaum glauben, dass es einen so liebevollen Mann in mir gibt. Aber ich spüre seine Berührung. Mein Körper ist warm durchströmt. (Sie atmet tief durch.)
I: Dann sage deiner Erleichterung, dass du sie genießt.
F: Oh, Erleichterung, ich freue mich über dich. Vielleicht hat dieser innere Mann ja auch Einfluss auf meine Beziehung zu einem äußeren Mann.
I: Ich bin sicher, das du in der äußeren Welt offener mit einem Mann umgehen kannst, wenn du im Inneren mehr Vertrauen zu deiner Männlichkeit hast. Durch diesen üblen Onkel hast du gelernt, dich vor Nähe und Sexualität zu schützen. Das hat deine äußeren Beziehungen sicher beeinflusst. Und jetzt kannst du lernen, dass du dich im Inneren vor deiner Männlichkeit nicht mehr schützen musst. Wenn du möchtest, kannst du dich in einer späteren Reise innerlich auch mit deiner Sexualität und deiner Weiblichkeit, deiner inneren Frau vertrauter machen.

Ich habe mehrfach miterlebt, dass das (innere) Ausliefern an den Vergewaltiger erheblich dramatischer verlaufen ist. Die Frau schilderte dann, dass der Mann über sie herfiel, sie vergewaltigte und manchmal sogar tötete. Ich habe die Frau immer ermutigt, alles zuzulassen, auch wenn es schrecklich war. Wenn die Frau es nicht zulassen konnte, brach sie die Erfahrung ab. Wenn sie sich ausliefern konnte, merkte sie, dass sie durch diese innere Gewalt physisch nicht geschädigt wurde. Ähnlich wie in der eben geschilderten Erfahrung lernte sie ihre kraftvolle Männlichkeit kennen, vor der sie unbewusst bisher ihre Weiblichkeit immer geschützt hatte. Oft wendete die Frau sich dann zum ersten Mal bewusst ihrer Sexualität zu.

## *Katzen-Phobie*

Eine Frau, Mitte 40, hat eine starke Katzenphobie. Sie erzählt mir, dass sie früher keine Probleme mit Katzen hatte. In ihrer Familie gab es Katzen, mit denen sie ganz unbefangen umgegangen war. Eines Tages erlebt sie, - völlig überraschend - dass ihr eine vorbeilaufende Katze große Angst machte. Sie lachte darüber. Bald träumte sie jedoch mehrfach von bedrohlichen Katzen und geriet in Angst. Das geschah auch, wenn sie nur das Bild einer Katze sah. Sie konnte keine Katze mehr in ihrer Nähe dulden. Sie nahm beruhigende Medikamente und machte sich immer wieder bewusst, dass Katzen völlig harmlos sind. In einer Therapie sollte sie sich schrittweise an Bilder von Katzen, an eine Plüschkatze und zuletzt an eine lebende Katze gewöhnen. Sie brach die Therapie nach wenigen Stunden ab.

Jetzt sitzt sie mir am Tisch gegenüber und schämt sich ihrer Phobie. Sie weint, als sie erzählt, dass alle Bekannten und Verwandten sie für verrückt erklären. Sie steht unter großem Druck. Sie (F:) legt sich mit Angst auf die Unterlage und ich (I:) setze mich daneben für eine innere Begleitung.

I: Sprechen Sie doch gleich die Angst an. Sie können sagen: Angst, ich spüre dich.
F: Angst, ich spüre dich. Ich habe Angst vor dir.
I: Was könnte geschehen, wenn die Angst noch größer würde?
F: Das kann ich mir gar nicht vorstellen. Es wird sicher ganz schlimm.
I: Wollen Sie es probieren und vielleicht sagen: Angst, ich versuche, dich jetzt zuzulassen.
F: (Voller Angst.) Oh, oh!
I: Ich würde Sie nicht ermutigen, wenn es gefährlich wäre.
F: Na gut, ich habe Vertrauen zu ihnen. Ich versuche es. Angst, ich lasse dich jetzt zu.
I: Wenn es Ihnen unerträglich wird, können Sie Stopp sagen und es abbrechen. Und jetzt lassen Sie geschehen, was geschieht.
(Nach einer Pause:) Wie verhält sich die Angst, wenn Sie sie zulassen?
F: Ich warte noch.

I: Worauf warten Sie?
F: Auf die Angst. Es ist ziemlich ruhig in mir. Eigentlich spüre ich die Angst kaum noch.
I: Sie haben die Angst zugelassen. Die hätte alles mit Ihnen machen können. Sie ist einfach stiller geworden. So kann die Angst sein, wenn Sie nicht mehr gegen sie kämpfen.
F: Das kann ich nicht glauben. Wie habe ich an meiner Angst gelitten!
I: Dann sagen Sie doch Ihrem Zweifel, dass er auch dazugehört.
F: Seltsam. Zweifel, du gehörst wohl dazu.
I: Wenn Sie die Angst so ertragen können, dann sagen Sie es ihr.
F: Angst, so kann ich dich ertragen. Aber ich habe trotzdem kein Vertrauen zu dir.
I: Das müssen Sie auch nicht. Wie geht es Ihrem Herzen, das das alles miterlebt? Ist es ruhig oder aufgeregt?
F: Am Anfang war es ganz heftig und laut. Jetzt ist es viel ruhiger geworden.
I: Wollen Sie es besuchen? Sagen Sie: Herz, ich komme zu dir.
F: Da kommt gleich wieder Angst auf. Wie wird mein Herz reagieren, nachdem ich mich so wenig um es gekümmert habe?
I: Versuchen Sie es. Sie können sagen: Angst, komme mit zu meinem Herzen.
F: Herz, ich komme mit meiner Angst zu dir. Ich hoffe, du bist mir nicht böse. (Nach einer Pause:) Es ist ziemlich klein. Es lächelt ein bisschen. Ich bin erleichtert.
I: Das können Sie Ihrem Herzen sagen.
F: Herz, ich freue mich, dass du so freundlich bist. Das habe ich gar nicht erwartet.
I: Wenn Sie wollen, berühren Sie Ihr Herz oder lassen sich von Ihm berühren. Wie fühlt es sich an?
F: Es ist warm und weich. Ich fühle mich wohl bei ihm.
I: Auch das können Sie Ihrem Herzen sagen.
F: Herz, ich fühle mich wohl bei dir. Ich danke dir, dass du so freundlich mit mir umgehst. Ich hatte Angst vor dir. (Nach einer Pause.) Jetzt freut es sich.
I: Fragen Sie Ihr Herz, ob es immer Vertrauen zu Ihnen hat, auch wenn es Ihnen nicht gut geht.

F: Ich brauche gar nicht zu fragen. Es nickt und sagt Ja.
I: Werden Sie sich bewusst, dass Sie auch dieses freundliche, liebevolle und vertrauensvolle Herz sind. Sie lernen sich kennen. Stellen Sie sich vor, mit dem Herzen bewusster auch im Alltag zu leben. Denn es ist ja immer da.
F: Ich bin ganz gerührt. Ich habe mich nach jemandem gesehnt, der zu mir Vertrauen hat.
I: Wenn Sie möchten, fragen Sie Ihr Herz, ob es jetzt mit Ihnen Ihre Phobie besuchen will.
F: (Erregt.) Meine Stimmung schlägt sofort um, wenn Sie das Wort Phobie sagen. Ich werde ganz unruhig. Gleich ist auch wieder die Angst da. Seltsam, mein Herz bleibt ziemlich ruhig.
I: Fragen Sie Ihr Herz, ob es auch zur Phobie Vertrauen hat.
F: Es sagt Ja.
I: Dann bitten Sie Ihr Herz, mit Ihnen zur Phobie zu gehen. Und Ihre Angst können Sie auch mitnehmen.
F: Herz, gehe mit mir zu meiner schrecklichen Phobie. Angst, komme auch mit. (Nach einer Pause.) Ich spüre, wie das Herz mich an die Hand nimmt. Und die Angst berührt mich auch.
I: Sie können der Phobie sagen, dass Sie mit dem Herzen und der Angst zu ihr kommen.
F: Also, Phobie, ich komme zu dir mit meinem Herzen und mit meiner Angst.
I: Wie verhält sich die Phobie oder wie sieht sie aus, wenn Sie zum ersten Mal in Ihrem Leben bewusst zu ihr gehen?
F: Noch ist nichts von ihr zu sehen oder zu spüren. Mir wird trotzdem ganz mulmig. (Nach einer Pause.) Vor mir ist es plötzlich ganz dunkel. Ich habe Angst.
I: Sagen Sie der Dunkelheit, dass sie Ihnen Angst macht.
F: Dunkelheit, ich habe große Angst vor dir. (Nach einer Pause:) Mein Herz bleibt ziemlich ruhig. Das ist erstaunlich.
I: Fragen Sie die Dunkelheit, ob sie Ihre Phobie ist.
F: Dunkelheit, bist du meine Phobie? (Nach einer Pause.) Da ist eine tiefe, dunkle Stimme und sagt Ja.
I: Wenn es Ihnen möglich ist, sagen Sie der Phobie, dass Sie sie besser kennen lernen möchten. Sie können auch sagen: Zeige mir das, vor dem ich mich so fürchte.

F: Phobie, ich habe immer noch ganz große Angst vor dir. Ich möchte dich aber trotzdem besser kennen lernen, denn du bist ja in mir.
I: Sie können auch sagen: Phobie, ich versuche, mich dir anzuvertrauen.
F: Das fällt mir schwer. Ich will es aber probieren. (Unsicher.) Phobie, ich versuche, mich dir anzuvertrauen. (Nach einer Pause.) Jetzt hat mich die Dunkelheit umhüllt. Alles ist dunkel. Ich habe große Angst. Gott sei Dank hat mich mein Herz immer noch an der Hand. Es ist immer noch ziemlich ruhig. (Nach einer Pause.) Vor mir höre ich jetzt Geräusche. Es kommt etwas auf mich zu. Es ist ganz unheimlich. Ich kann es kaum noch ertragen.
I: Wenn es zu schlimm wird, können Sie Stopp sagen und es abbrechen. Merken Sie aber auch, dass Sie im eigenen Inneren sind. Ihr Körper liegt hier sicher auf der Unterlage. Hier sind Sie nicht gefährdet.
F: Jetzt wird es ein bisschen heller. (Nach einer Pause ganz aufgeregt.) Es ist schrecklich. Aus der Ferne kommt ein riesiges Tier auf mich zu. Es ist eine Katze mit gelben glühenden Augen. (Ihre Stimme zittert.) Ich glaube, das halte ich nicht aus.
I: Sagen Sie dieser schrecklichen Katze, dass Sie große Angst vor ihr haben. Und bitten Sie sie, stehen zu bleiben.
F: (Aufgeregt.) Bitte bleibe stehen. Du machst mir große Angst. (Nach einer Pause erleichtert.) Sie ist wirklich stehen geblieben. Sie ist riesengroß, hat ein buntes Fell und diese furchtbaren gelben Augen, aus denen bedrohliches Licht kommt.
I: Wie geht es Ihrem Herzen, das das miterlebt?
F: Mein Herz drückt meine Hand und ist ziemlich ruhig. (Erleichtert.) Herz, hast du Vertrauen zu dieser schrecklichen Katze? Es sagt Ja. Das wundert mich. Das hätte ich nicht erwartet. (Nach einer Pause.) Jetzt hat die Katze sich hingesetzt. Sie ist riesig groß, fast wie ein Elefant. Wenn die über mich herfällt, bin ich verloren.
I: Fragen Sie die riesige Katze, ob sie in Ihnen ist.
F: Das kann doch nicht sein. (Zögerlich:) Monsterkatze, bist du in mir? Sie nickt mit dem Kopf und wedelt mit dem Schwanz. Bei

einer Katze bedeutet das Aggression. Meine Angst wird zur Panik. Ich kann es kaum noch ertragen. Mir geht es ganz schlecht. Die Katze starrt mich unverwandt an mit ihren schrecklichen gelben Augen.

I: Versuchen Sie, nicht gegen die Panik anzugehen. Sagen Sie Ihrer Panik, dass sie dazugehört. Sie ist unangenehm, aber sie gehört zu Ihnen.

F: Panik, ich kann dich kaum ertragen. Ich versuche jetzt aber, dich mehr zuzulassen. (Nach einer Pause erstaunt.) Die Panik wird etwas ruhiger.

I: Werden Sie sich wieder bewusst, dass Ihr Körper hier ganz sicher auf der Unterlage ruht. In der äußeren Welt müssten Sie sich vor so einem Monstertier schützen. In der inneren Welt ist es nicht nötig. Ich würde Sie nie ermutigen, solche inneren Erfahrungen zu machen, wenn es gefährlich wäre. Wenn es Ihnen möglich ist, können Sie sagen: Schreckliche Katze, ich versuche, mich dir anzuvertrauen.

F: (Erregt.) Ich glaube nicht, dass ich das kann. Ich zittere vor Angst, wenn ich nur daran denke, mich vor dieser schrecklichen Monsterkatze nicht mehr zur schützen.

I: Wie verhält sich Ihr Herz?

F: Das ist erstaunlich ruhig.

I: Fragen Sie das Herz, ob es immer noch zu der Monsterkatze Vertrauen hat.

F: Ich brauche gar nicht zu fragen, denn das Herz nickt und lächelt. Das kann ich kaum glauben.

I: Ihr Herz hat eben Vertrauen zu allem, was in Ihnen ist. Natürlich sind Sie auch dieses Herz mit seinem Vertrauen. Sie sind ganz bei sich. Sie sind die Monsterkatze und Sie sind das Vertrauen.

F: Monsterkatze, du machst mir Angst. Ich versuche jetzt, mich nicht mehr so sehr vor dir zur schützen. Ich versuche, dich mehr zuzulassen.
(Sie stöhnt ganz laut.) Schrecklich, schrecklich, ich sterbe. (Sie weint und stöhnt.) Alles ist vorbei. Ich bin völlig zerrissen, alles ist voller Blut. Ich glaube, ich bin schon tot.

I: Versuchen Sie, alles zuzulassen, auch wenn es schrecklich ist.

Ihr Körper ist nicht in Gefahr. Sie erleben es ganz in Ihrer inneren Welt.

F: (Mit zitternder Stimme.) Kaum hatte ich der Katze gesagt: Ich lasse dich zu, kam sie in einem großen Satz angesprungen und hat mich mit ihren langen, spitzen Krallen völlig zerrissen. Schrecklich. Ich bin nur noch ein blutiger Haufen. Auch mein Kopf, sogar meine Knochen, alles ist zerrissen und zertrümmert. Ich bin völlig zerstört. Ich glaube, ich werde verrückt.

I: Bemerken Sie, dass Sie noch reden können. Gott sei Dank hat diese Gewalt in Ihrem eigenen Inneren stattgefunden. Spüren Sie, dass es nicht weh tut und dass Sie nicht gestorben sind. Sie haben sich einer großen inneren aggressiven Kraft ausgeliefert, vor der Sie sich bisher immer geschützt haben. Was macht die Katze jetzt?

F: Sie hatte ich ganz vergessen über mein Elend. Die ist ganz klein geworden und sitzt friedlich neben mir. (Erstaunt.) Sie sieht ganz harmlos aus. Das kann doch nicht wahr sein. Da sitzt eine kleine bunte Katze mit gelben Augen und schnurrt. Jetzt bin ich wohl doch verrückt geworden. Und noch ein Wunder. Ich bin wieder ganz. Die blutigen Fetzen haben sich wieder zusammengesetzt.

I: So ist die innere Welt. In ihr kann es schreckliche, unerträgliche Bilder geben. Aber in ihr kann nichts kaputtgehen. Das wissen die Menschen bei uns leider nicht. Sie fürchten sich vor inneren Bedrohungen und schützen sich davor. Ihre persönliche Bedrohung hat so ausgesehen wie diese überdimensionale aggressive Katze. Der haben Sie sich eben innerlich ausgeliefert.

F: (Erstaunt.) Ganz begreife ich das immer noch nicht. Warum ist diese Monsterkatze denn plötzlich so klein und freundlich?

I: Fragen sie die innere Katze, vielleicht bekommen sie eine Antwort.

F: Katze, erkläre mir das mal. (Nach einer Pause.) Sie sagt: Ich war schon immer klein und freundlich. Du kanntest mich nur nicht und hattest wenig Vertrauen zu meiner großen Kraft. Du hast dich davor geschützt. Dadurch fühlte ich mich so riesig und bedrohlich an. Davor hast du dich so sehr gefürchtet, dass du nicht einmal eine normale Katze ertragen konntest. (Nach einer

Pause.) Und jetzt sagt die kleine Katze: Nimm mich doch einmal auf den Arm. Ich habe schon lange darauf gewartet. (Nach einer Pause.) Das fällt mir immer noch schwer, aber ich werde es versuchen. Ich nehme die kleine Katze vorsichtig hoch. Sie kuschelt sich an mich und schnurrt. Sie ist weich und warm.

I: Sagen Sie Ihrer inneren Katze, dass Sie sich mit ihr wohl fühlen. Genießen Sie ihre Wärme und Weichheit. So fühlt sich diese große innere Kraft an, wenn Sie mehr Vertrauen zu ihr haben. Vielleicht ist es ja das Ende der Phobie. Wenn Sie möchten, könnten Sie der Phobie danken, dass Sie sie zu Ihren starken aggressiven Kräften gebracht hat. Jetzt wissen Sie, dass Sie sich innen nicht schützen müssen und dass Sie keinen Schaden nehmen, wenn Sie innen von zerstörerischen Kräften bedroht werden, denen Sie sich ausliefern.

## *Besessenheit*

Die ältere Frau hat vor einigen Jahren schon einige innere Erfahrungen bei mir gemacht. Dabei ging es vor allem um ihre Angst. Nach ungefähr zwei Jahren kommt sie verzweifelt und hilflos zu mir. Sie erzählt mir, dass sie immer wieder eine große schwarze, bedrohliche Gestalt in sich erlebt. Sie hat alles versucht, diese schreckliche Gestalt loszuwerden. Das ist ihr nicht gelungen. Von esoterisch orientierten Freunden hat sie gehört: „Das bist gar nicht du. Das ist eine fremde Energie, die in dich eingedrungen ist, weil du dich nicht geschützt hast. Du bist vom Bösen besessen. Du musst dich davon befreien, um wieder leben zu können."

Die Frau bittet mich, ihr zu helfen, die fremde Wesenheit zu beseitigen. Sie ist voller Angst und kann kaum reden. Sie fühlt sich bedroht. Da sie schon innere Erfahrungen bei mir gemacht hat, entschließt sie sich mit Zögern, eine Reise nach innen zu machen. Ich verspreche ihr, sofort abzubrechen, wenn sie mir sagt, dass sie etwas nicht ertragen kann. Sie (F:) legt sich auf die Matte. Ich (I:) setze mich neben sie.

I: Willst du gleich mal die Angst ansprechen? Du könntest sagen: Angst, ich leide an dir. Ich kann dich nicht mehr ertragen.

F: (Mit zitternder Stimme.) Angst, ich kann dich nicht ertragen. Ich glaube, ich werde verrückt durch dich.
I: Wie verhält sich die Angst, wenn du dich ihr wieder einmal so direkt zuwendest?
F: Ich werde ein bisschen ruhiger.
I: Sage deiner Ruhe, das du sie magst.
F: Ruhe, ich freue mich, dass ich dich spüre. Ich hatte gefürchtet, dass du verloren gegangen bist.
I: Vielleicht ist die Ruhe die Antwort deiner Angst. Vielleicht musst du dich gar nicht so sehr vor ihr schützen. Das hast du ja auch schon bei früheren inneren Erfahrungen bei mir erlebt.
F: Die Angst ist aber leider viel größer geworden.
I: Vielleicht liegt das an deiner großen unbewussten Abwehr gegen die Angst. Dadurch kann sie sich sehr übermächtig und bedrohlich anfühlen. Wenn es dir möglich ist, kannst du sagen: Angst, ich möchte wieder mehr Beziehung zu dir bekommen.
F: Das fällt mir schwer. Ich probiere es trotzdem. Angst, ich möchte dich wieder besser kennen lernen. (Sie wird still.) Jetzt sehe ich die Angst auf mich zukommen. Sie ist dunkel, aber gar nicht so groß, wie ich gedacht habe. Sie bleibt vor mir stehen und sieht mich an. Sie wirkt ruhig.
I: Wenn du sie so ertragen kannst, dann sage es ihr.
F: Angst, wenn du so still bist, kann ich dich ertragen. (Nach einer Pause.) Die Angst bleibt stehen. Ich glaube, sie lächelt. Ich kann es in ihrem dunklen Gesicht nur nicht richtig erkennen.
I: Du kannst der Angst sagen: Zeige dich doch, wie du bist, wenn ich wieder mehr Vertrauen zu dir habe.
F: Angst, zeige dich, wie du bist, wenn ich dir mehr vertraue. (Nach einer Pause.) Ich bin überrascht. Die Angst wird heller. Jetzt kann ich sehen, dass sie wirklich lächelt.
I: Wenn es dir möglich ist, kannst du sagen: Angst, ich versuche, mich dir anzuvertrauen.
F: Nein, das geht nicht. Ich habe zu viel unter der Angst gelitten. Vielleicht fällt die Angst dann über mich her. Ich bin misstrauisch.
I: Sage deinem Misstrauen, dass es dabei sein kann, wenn du deiner Angst begegnest.

F: Misstrauen, du gehörst zu mir. (Nach einer Pause.) Das Misstrauen steht neben der Angst. Es sieht auch ganz freundlich aus. Ich dachte immer, dass man nicht misstrauisch sein darf. Ich habe mein Misstrauen immer unterdrückt.
I: Du lernst dich kennen. So sind die Angst und das Misstrauen, wenn du dich ihnen zuwendest und mit ihnen sprichst.
F: Das hatte ich früher ja auch schon erlebt. Ich habe es wieder ganz vergessen. Aber jetzt bin ich ziemlich ruhig.
I: Jetzt könntest du versuchen, dich der Angst anzuvertrauen. Wenn es unerträglich wird, sage Stopp und brich es ab.
F: Gut, ich versuche es. Angst, ich vertraue mich dir an. (Nach einer Pause wird sie ganz aufgeregt. Sie stöhnt laut.) Schrecklich, schrecklich. (Ihr Körper zittert.)
I: Wenn du es nicht mehr ertragen kannst, dann brich es ab. Was geschieht mit dir?
F: Es ist ganz furchtbar. Da steht der ganz große schwarze Mann, vor dem ich mich so fürchte. Das muss die fremde Wesenheit sein, die in mich eingedrungen ist. Ich habe schreckliche Angst.
I: Sprich diesen dunklen Mann an und sage ihm, dass du große Angst vor ihm hast.
F: Aber ich will nicht mit ihm reden. Ich will ihn loswerden. Schrecklicher Mann, verschwinde! Du hast mein Leben versaut! Was habe ich dir getan? (Sie weint und zittert.)
I: Wenn der Mann ruhig stehen bleibt, sieh ihn dir an.
F: Er ist dunkel gekleidet, er hat einen großen schwarzen Hut auf. Ich kann sein Gesicht nicht erkennen. Ich habe große Angst.
I: Du kannst ihn fragen, ob er in dir ist, ob er ein Teil von dir ist.
F: Soll ich das wirklich fragen? Das kann doch nicht wahr sein. So was gibt es nicht in mir. Er bedroht mich. Er quält mich furchtbar. Er macht mir Angst.
I: Du kannst dich jederzeit zurückziehen, wenn es dir zu bedrohlich wird. Vielleicht gehört ja diese Gestalt zu dir. Dann könntest du sie kennen lernen.
F: Schrecklicher Mann, gehörst du zu mir? (Nach einer Pause.) Er murmelt: Ja, ich bin in dir.
I: Wie fühlst du dich, wenn du merkst, dass der Mann dich hört und dir antwortet?

F: Er ist mir nicht geheuer. (Nach einer Pause.) Er ist aber ein bisschen heller geworden.
I: Wenn du jetzt weißt oder ahnst, dass dieser Mann ein Teil von dir ist, könntest du dich ihm anvertrauen. Ich würde dich nicht ermutigen, wenn es gefährlich wäre. Du kannst es jederzeit abbrechen.
F: Klaus, wenn du wirklich das Vertrauen hast, dann werde ich es versuchen. Schrecklicher Mann, ich versuche jetzt, mich nicht mehr vor dir zu schützen. Aber ich habe immer noch Angst vor dir. (Plötzlich ist sie völlig erregt. Ihr Körper zittert.) Jetzt ist es geschehen. Ich sterbe. Es ist schrecklich. Der dunkle Mann ist zu mir gekommen und hat mir mit seinen Krallenhänden den ganzen Brustraum aufgerissen. Er ist aufgeklappt, ich kann in ihn hinein sehen. Das ist das Ende. (Sie weint und zittert.)
I: (Mit besonders ruhiger Stimme.) Spüre, dass du noch reden kannst und dass es nicht weh tut, wenn der Brustraum aufgerissen ist. Dein physischer Körper liegt hier ganz sicher. Ihm ist nichts passiert. Alles ist in deinem Inneren geschehen. Dort kann nichts geschädigt oder zerstört werden. Sieh dir den offenen Brustraum an. Du könntest sagen: Offenheit, ich sehe dich.
F: Das ist verrückt. Ich bin schwer verletzt und soll das auch noch ansprechen. Aber es stimmt. Es tut nicht weh. Ich kann plötzlich ganz tief durchatmen. Bisher war der Brustraum hart und blockiert. Manchmal konnte ich kaum noch atmen.
I: Wie verhält sich der Mann, der deinen Brustraum aufgerissen hat?
F: Den habe ich vor Schreck ganz vergessen. Die große schwarze Gestalt ist weg. Da steht jetzt ein kräftiger Mann und lächelt mich an. Er sieht sehr freundlich aus. (Überrascht.) Wer bist du denn? Er sagt: Ich bin dein innerer Mann. (Sie atmet tief durch.) Warum warst du so scheußlich und bedrohlich? Er sagt: Du hattest kein Vertrauen zu mir und hast mich durch deine große Abwehr zu dem übermächtigen Monster gemacht. Vor dem hast du dich so gefürchtet.
I: Wie fühlst du dich, wenn du erlebst, dass alles zu dir gehört. Jetzt geht es offensichtlich um deine Männlichkeit, zu der du bisher wenig Vertrauen hattest. Daher hast du dich vor ihr unbe-

wusst geschützt. Dadurch ist sie dir so fremd und bedrohlich geworden.

F: Ich bin total erleichtert. Mein Brustraum ist wieder zu. Er fühlt sich weit an. Ich atme tief durch. Und jetzt nimmt der innere Mann mich in seine Arme. Ich spüre seine große Kraft und seine Liebe. Er freut sich, dass ich ihn jetzt kennen lerne.

I: Stelle dir vor, mit diesem kraftvollen und liebevollen inneren Mann zu leben. Du kannst dich von ihm immer wieder berühren lassen. Du kannst ihn mitten im Alltag spüren, wenn es dir gut geht oder wenn du Probleme hast. Das sind Angebote deiner Seele. Aus solchen inneren Erfahrungen entsteht viel Vertrauen zu dir selbst. Das ist das berühmte Selbstvertrauen.

## *Enge*

Zu mir kommt eine Frau mit einer starken Klaustrophobie. Sie hat mehrfach an meinen Mittwochabend-Veranstaltungen teilgenommen. Dort hatte sie Angst in dem relativ kleinen Raum, in dem manchmal 20 Teilnehmer sitzen und liegen. In einer Einzelbegleitung war sie schon ihrem Herzen und ihrer Angst begegnet. Der Enge konnte sie sich jedoch noch nicht zuwenden. Jetzt kommt sie mit dem Wunsch zu mir, mehr Beziehung zu der gefürchteten Enge zu gewinnen. Sie (F:) legt sich auf die Matte und ich (I:) setze mich neben sie.

I: Wenn du möchtest, sage deiner Enge, dass sie dir große Angst macht.

F: Enge, ich habe mein ganzes Leben lang große Angst vor dir. (Ganz aufgeregt.) Jetzt kommt in mir Panik hoch. Ich möchte weglaufen, aber das darf ich ja nicht.

I: Wer sagt dir das? Natürlich darfst du auch weglaufen. Du kannst sagen: Panik, ich kann dich nicht ertragen, ich laufe jetzt weg. Und dann kannst du sagen: Weglaufen, ich lasse dich zu.

F: Aber dann bin ich doch gar nicht mehr bei mir.

I: Du bist immer bei dir, wo solltest du wohl sonst sein? Probiere aus, bewusst wegzulaufen.

F: Ich versuche es. Weglaufen, ich lasse dich zu.
I: Wohin möchtest du weglaufen?
F: Ich denke gerade an meine Oma. Die hatte einen großen Garten, in dem ich mich immer wohl gefühlt habe.
I: Dann lauf doch einfach in den schönen Garten deiner Oma. Wie sieht es dort aus?
F: Der Garten ist ganz bunt voller Blüten. Es riecht so schön. Meine Oma steht im Garten und sagt: Wie schön, dass du gekommen bist. Sie nimmt mich in ihre Arme. Ich bin glücklich.
I: Sage es deiner Oma.
F: Liebe Oma, ich bin glücklich bei dir und deinem schönen Garten zu sein.
I: Frage deine Oma und den Garten, ob sie in dir sind.
F: Das verstehe ich nicht.
I: Du hast deine Augen geschlossen und siehst nach innen. Du bist nicht bei der leiblichen Oma und in dem äußeren Garten. Du bist ganz in dir.
F: Es ist schon seltsam. (Nach einer Pause.) Oma, bist du in mir? (Aufgeregt.) Sie lacht und sagt: Ich bin in dir. (Nach einer Pause.) Ich verstehe das immer noch nicht richtig.
I: Lasse es sich entwickeln. Genieße die innere Oma. Frage doch auch den Garten, ob er in dir ist.
F: Mit einem Garten zu sprechen ist ja noch seltsamer. Gut, ich versuche es. Schöner Garten, bist du auch in mir? (Nach einer Pause.) Ich höre ein deutliches Ja. Irgendwie freue ich mich jetzt. Ich fühle mich wohl.
I: Stelle dir vor, dass du immer deine innere Oma und deinen inneren Garten besuchen kannst, um dich in dir wohl zu fühlen.
F: Jetzt sehe ich auch ihr Haus am Ende des Garten. Mir fällt ein, dass es da einen ganz dunklen, kleinen Keller gibt, vor dem ich mich immer gefürchtet habe. Nur einmal war ich mit der Oma in diesem Keller. Es war für mich ganz schrecklich. Meine Oma ist nie wieder mit mir dahin gegangen, nachdem sie meine große Angst bemerkt hatte.
I: Wie fühlst für dich, wenn du dich daran erinnerst?
F: Jetzt ist die schöne Stimmung verloren gegangen. Ich habe Angst.

I: Sage deiner Oma, dass du große Angst vor dem kleinen dunklen Keller hast.
F: Oma, ich habe immer noch große Angst vor deinem Keller. Eigentlich ist es noch schlimmer als früher.
I: Sage deiner Angst, dass du sie jetzt spürst.
F: Angst, ich spüre dich. Ich mag dich überhaupt nicht.
I: Wenn du möchtest, frage deine Oma, ob sie zum Keller Vertrauen hat und ob sie mit dir noch einmal zum Keller geht.
F: (Aufgeregt.) Ich glaube nicht, dass ich das schaffe. (Nach einer Pause.) Meine Oma sieht mich ruhig und liebevoll an. Sie sagt: Ich gehe gern mit dir noch einmal in den Keller.
I: Wenn es dir möglich ist, vertraue dich deiner Oma an. Wenn es zu schlimm wird, kannst du Stopp sagen und es abbrechen.
F: Oma, ich versuche, mich dir anzuvertrauen. (Nach einer Pause.) Meine Oma nimmt mich fest an die Hand. Wir gehen zum Haus. Ich habe große Angst.
I: Sage deiner Angst, dass sie mitkommen kann.
F: Angst, komme mit mir. (Nach einer Pause.) Jetzt sind wir im Haus. Das ist ganz anheimelnd. Es riecht so schön wie früher.
I: Du kannst dem Haus sagen, dass du dich in ihm wohl fühlst. Denn jetzt bist du nicht in einem äußeren Haus, sondern in dir.
F: Haus, ich mag dich, ich fühle mich wohl in dir, wenn da nur nicht der Keller wäre. (Sie wird unruhig.) Meine Oma führt mich zur Tür vor der Kellertreppe. Es geht mir nicht gut. Oma öffnet die Tür. Es ist dunkel. Es riecht moderig. Oma macht ein schwaches Licht an. Wir gehen langsam die Treppe hinunter. Mein Herz rast. Ich habe große Angst. Die Oma drückt meine Hand ganz fest.
I: Sage dem Keller, dass er dir große Angst macht.
F: Keller, du machst mir große Angst. (Aufgeregt.) Meine Oma setzt sich jetzt mit mir in den kleinen dunklen Keller. Sie berührt mich. Ich spüre ihre Ruhe und Wärme.
I: Frage die Oma, ob sie zu diesem kleinen dunklen Keller Vertrauen hat.
F: Oma, hast du Vertrauen zu diesem Keller? (Nach einer Pause.) Sie antwortet ganz ruhig: Ja, ich habe Vertrauen zum Keller, sonst wäre ich nicht mit dir hineingegangen. (Überrascht.) Ich

werde ein bisschen ruhiger. Das wundert mich. Ich sitze in dem Keller, vor dem ich mich so fürchte, und werde ruhiger. Das ist seltsam.

I: Sage deiner Ruhe, dass du sie magst.

F: Ruhe, ich wundere mich über dich. (Aufgeregt.) Jetzt passiert etwas. Es gibt ein komisches Geräusch im Keller. Das erinnert mich an ganz schreckliche Träume. Ich bin in einem kleinen dunklen Raum. Die Wände schieben sich immer mehr zusammen. Der Raum wird immer kleiner. Ich gerate in Panik. Ich kann zerquetscht werden. Dann bin ich immer aufgewacht und habe Licht angemacht. (Voller Angst.) Es ist ganz schrecklich. Ich sitze mit meiner Oma im dunklen Keller und höre, wie die Wände sich heran schieben. Ich halte es nicht mehr aus.

I: Frage deine Oma, ob sie immer noch Vertrauen hat.

F: Das kann ich nicht glauben. Ich will raus hier. Aber ich kann mich überhaupt nicht mehr bewegen. Schrecklich! Schrecklich!

I: Mache dir bewusst, dass dein physischer Körper hier ganz sicher liegt. Du machst jetzt innere Erfahrungen mit der Enge. Wenn es nicht mehr geht, kannst du es beenden.

F: Ich bin völlig in Panik und meine Oma ist ganz ruhig. Sie drückt meine Hand und sagt: Lasse es geschehen. Ich bin bei dir. (Voller Angst.) Die Wände rumpeln immer näher heran. Ich merke, dass mich eine Wand schon berührt. Ich glaube nicht, dass ich das aushalte. Ich sterbe vor Angst.

I: Lasse dich von deiner inneren Oma ermutigen. Du bist ganz bei dir. Du bist auch die innere Oma mit ihrer Ruhe und ihrem Vertrauen.

F: Jetzt berührt mich noch eine Wand und schiebt sich an mich heran. Ich bin starr vor Angst. Ich kann nicht mehr. Meine Oma hat mich immer noch ruhig an ihrer Hand. Sie sagt wirklich: Mein Kind, lasse es zu.

I: Spüre, wie du in deinem physischen Körper hier auf der Unterlage liegst. Da ist nichts, was dich bedrängt. Versuche, in deinem Inneren geschehen zu lassen, was geschieht. Du könntest sagen: Enge, ich versuche, mich dir anzuvertrauen.

F: Das kann ich nicht. Aber ich kann auch nicht entkommen. Jetzt bin ich völlig eingeklemmt und die Wände schieben sich immer noch mehr zusammen. (Voller Angst.) Ich sterbe, ich werde zerquetscht und meine Oma auch. Schrecklich! Schrecklich! Jetzt knacken schon meine Knochen. Meine Oma wird gegen mich gepresst. Es kracht im Körper. Alles wird zerdrückt. (Nach einer Pause. Überrascht.) Es tut gar nicht weh. Und ich kann immer noch atmen. Wir sind platt zwischen den Wänden. Der Körper ist völlig zerdrückt. Es ist vorbei.

I: Lass alles geschehen.

F: (Erstaunt.) Es wird ganz hell. Oma und ich schweben zum Himmel hinauf. Oma hat mich immer noch an der Hand und lächelt. Sie sagt: Wie schön, dass du es zugelassen hast. (Nach einer Pause.) Ich bin ganz leicht. Ich schwebe im weiten, hellen Himmel über dem Garten und über dem Haus meiner Oma. (Ängstlich.) Bin ich jetzt tot?

I: In der äußeren Welt wäre es ganz schrecklich, so zerquetscht zu werden. Aber du hast dich eben der bedrohlichen inneren dunklen Enge ausgeliefert. Dort bist du nicht geschädigt und zerstört worden. Nachdem du dich so hingegeben hast, schenkt dir deine Seele jetzt die helle Weite. Die dunkle Enge und die helle Weite sind beide in dir. Es sind normale innere Zustände. Du hast eben dramatisch erlebt, dass du dich im Inneren auch vor einer Zerstörung nicht schützen musst. Aus einer solchen Erfahrung entsteht viel Vertrauen zu deiner inneren Welt. Wie geht es denn jetzt deiner inneren Oma?

F: Die freut sich sehr und sagt lachend: Davor hast du so lange Angst gehabt.

I: Du kannst deine innere Oma mit in dein Leben nehmen. Du kannst dich von ihr im Alltag begleiten lassen. Du kannst mit ihr aber auch viele interessante innere Erfahrungen machen, auch mit schwierigen oder bedrohlichen Zuständen. Alles bist du selbst.

F: Wir schweben immer noch im hellen Himmel. Es ist wunderschön. Jetzt spüre ich auch wieder meinen Körper, der hier liegt. Er ist warm durchströmt. Er fühlt sich ganz wohlig an.

I: Sage deinem inneren Himmel, dass du ihn genießt. Und sage deinem Körper, dass du dich freust, wenn er sich so wohl und fließend anfühlt. Dein physischer Körper hindert dich nicht,

F: schreckliche innere Erfahrungen zu machen. Er nimmt auch keinen Schaden, wenn du innen zerstört wirst.
F: Himmel in mir, ich genieße dich. Lieber Körper, ich glaube, ich habe zu dir mehr Vertrauen, wenn ich weiß, dass ich mich vor schrecklichen inneren Erfahrungen nicht schützen muss.

## *Depression*

Zu mir kommt eine etwa fünfzigjährige Frau, die schon einige innere Erfahrungen bei mir gemacht hat. Sie hat einige ihrer Gefühle kennen gelernt, wie Angst, Hilflosigkeit, Trauer, aber auch Zufriedenheit und Freude. Vor der Begleitung erzählt die Frau, dass sie jetzt häufiger Kontakt zu ihrem Herzen und zu vielen Gefühlen hat, dass sie öfter mit ihnen spricht und auch Ermutigungen von innen bekommt. Die Frau zögert ein bisschen und sagt dann, dass sie seit einigen Monaten ziemlich starke Depressionen hat. Sie hatte gehofft, durch ihre besseren inneren Beziehungen die Depression zu vermeiden oder zu überwinden.
In der folgenden Einzelbegleitung spreche ich (I:) mit der Frau (F:).

I: Sage deinem Herzen, dass du wieder zu ihm kommst.
F: Herz, ich spüre dich. Ich mag dich.
I: Wie verhält sich dein Herz?
F: Es freut sich und lächelt mich an. Da geht es mir gleich ein bisschen besser.
I: Sage es deinem Herzen.
F: Herz, es geht mir gut, wenn ich dich sehe.
I: Lasse dich von deinem Herzen berühren oder dich von ihm in die Arme nehmen.
F: Das macht das Herz schon. Ich fühle mich geborgen.
I: Sage deiner Geborgenheit, dass du sie genießt. Sie ist ein Geschenk deines Herzens.
F: Es ist wunderbar.
I: Mache dir bewusst, dass du auch dieses Herz bist, das dich berührt und das dir Geborgenheit schenkt.
F: Leider vergesse ich das immer wieder.

I: Wenn du möchtest, frage dein Herz, ob es mit dir zu deiner Depression geht, damit du sie besser kennen lernst.
F: (Unruhig.) Wenn ich nur an die Depression denke, verändert sich sofort meine Stimmung. Ich werde unruhig und habe große Angst.
I: Wie verhält sich dein Herz?
F: Es bleibt ziemlich ruhig und es lächelt. Das wundert mich.
I: Frage dein Herz, ob es zur Depression Vertrauen hat.
F: Das glaube ich nicht.
I: Frage doch dein Herz.
F: Herz, hast du Vertrauen zur Depression? (Nach einer Pause.) Es nickt und lächelt. Das Herz sagt: Ich gehe gern mit dir zur Depression.
I: Wie fühlst du dich jetzt?
F: Ich bin immer noch unruhig und ängstlich. Aber das Herz sagt: Lass uns zur Depression gehen.
I: Sage der Depression, dass du mit deinem Herzen zu ihr kommst.
F: Das fällt mir schwer. Na gut: Depression, ich habe große Angst vor dir und ich mag dich nicht. Aber ich komme mit meinem Herzen zu dir.
I: Vielleicht nimmt dich dein Herz an die Hand. Du kannst dich ihm anvertrauen.
F: Das Herz nimmt mich an die Hand. Das fühlt sich gut an.
I: Vielleicht spürst du jetzt öfter in deinem Leben, dass dein Herz dich an die Hand nimmt.
I: Wie verhält sich die Depression, wenn du auf sie zugehst mit deinem Herzen?
F: Ich sehe nichts. Ich habe Angst.
I: Sprich die Angst an. Sage ihr, dass sie dabei sein kann.
F: Angst, ich spüre dich. (Nach einer Pause.) Jetzt ist es vor mir nur noch dunkel. Ich stehe vor einer riesigen Dunkelheit. Sonst ist nichts mehr zu sehen.
I: Wie fühlst du dich vor dieser Dunkelheit und wie verhält sich dein Herz?
F: Diese große Dunkelheit ist mir ganz unheimlich. Vor ihr habe ich mich mein Leben lang gefürchtet. Aber mein Herz ist ganz ruhig und betrachtet die Dunkelheit.

I: Du kannst der Dunkelheit sagen, dass du dich dein Leben lang vor ihr gefürchtet hast.
F: Dunkelheit, vor dir habe ich mich immer gefürchtet. Ich will nichts mit dir zu tun haben.
I: Was könnte geschehen, wenn du dich dieser Dunkelheit anvertrauen würdest?
F: Daran mag ich gar nicht denken. Vielleicht verliere ich mich in der Dunkelheit. Wer weiß, was sich in ihr verbirgt. Vielleicht lauert dort etwas Schreckliches oder sogar der Tod.
I: Frage diese bedrohliche Dunkelheit, ob sie deine Depression ist, die du so fürchtest.
F: Sie sagt sofort Ja. Das überrascht mich.
I: Frage dein Herz, ob es auch zu dieser dunklen Depression Vertrauen hat.
F: Herz, vertraust du der dunklen Depression, an der ich so leide? Das Herz sagt Ja.
I: Frage dein Herz, ob es mit dir in die Dunkelheit hineingeht.
F: Das Herz sagt wieder Ja. Es drückt ganz fest meine Hand.
I: Auch wenn es dir schwer fällt, versuche, dich deinem Herzen anzuvertrauen. Gehe mit ihm in die Dunkelheit. Wenn es dir unerträglich wird, kannst du Stopp sagen und es abbrechen.
F: Ich habe große Angst, wenn ich daran denke, in die Dunkelheit zu gehen. Das war schon in meiner Kindheit eine schreckliche Bedrohung. Manchmal konnte ich nicht wieder einschlafen, wenn ich von dieser Dunkelheit geträumt habe.
I: Sage der Angst, dass sie auch mitkommen kann, wenn du mit deinem Herzen in die Dunkelheit gehst.
F: Angst, ich mag dich nicht. Aber jetzt nehme ich dich mit.
I: Du kannst sagen: Dunkelheit, ich komme mit meiner Angst und mit meinem Herzen zu dir.
F: (Zögernd.) Dunkelheit, ich komme zu dir. Ich bringe mein Herz mit und auch meine Angst.
I: Wie verhält sich die Dunkelheit, wenn du dich ihr so zuwendest und mit ihr sprichst?
F: (Zögernd.) Da passiert nicht viel. Die Dunkelheit sagt nichts und tut nichts. (Nach einer Pause.) Ich habe den Eindruck, dass ich jetzt etwas mehr sehen kann. Es ist nicht mehr so dunkel wie

am Anfang. Es ist dämmrig. Ich sehe mein Herz an der Hand. Es lächelt.
I: Wie fühlst du dich, wenn die Dunkelheit freundlich reagiert und nicht mehr so dunkel ist?
F: Ich werde sogar ein bisschen ruhiger. Aber ich habe immer noch Angst. Wer weiß, was alles geschehen kann. (Nach einer Pause.) Es wird noch durchsichtiger und heller. Wir sind auf einer großen Fläche. Da ist sonst niemand zu sehen.
I: Du bist immer noch bei deiner Depression. Vielleicht ist sie ja anders, als du sie erwartet hast.
F: Plötzlich bleibt mein Herz neben mir stehen und hält mich fest. (Überrascht.) Wir stehen am Rand eines Abgrunds. Mir wird etwas schwindelig, wenn ich hinunterschaue. Ganz unten ist es völlig dunkel. Ich weiß nicht, wie tief dieser Abgrund ist und was in ihm ist, weil es so dunkel ist. Ich habe große Angst vor dieser dunklen Tiefe.
I: Sage der dunklen Tiefe, dass sie dir große Angst macht. Frage Sie, ob sie in dir ist.
F: Dunkle Tiefe, bist du in mir? Sie sagt sofort Ja. Das überrascht mich. (Aufgeregt.) Jetzt erinnere ich mich, wie oft ich schon gesagt habe: „Ich stehe am Abgrund" oder „Ich drohe abzustürzen". Vielleicht war ich da schon an diesem Abgrund. Mein Herz nickt mir zu.
I: Wenn du jetzt weißt, dass dieser Abgrund in dir ist, könntest du dich ihm anvertrauen. In der äußeren Welt solltest du dich nicht fallen lassen. Aber dein physischer Körper liegt hier ganz sicher. Im Inneren kannst du alles geschehen lassen. Du hast dich ja auch schon früher bedrohlichen Gefühlen und Zuständen im Inneren anvertraut.
F: Mein Herz winkt mir zu und geht mit mir an den Rand des Abgrunds. Es sagt: Lass uns springen.
I: Du kannst alles zulassen. Du kannst den Halt verlieren, du kannst die Kontrolle verlieren. Du bist ganz bei dir.
F: (Ganz aufgeregt.) Wir fallen! Wir fallen! Mein Gott, wo geht es hin? Mein Herz hat mich einfach mitgerissen.
I: Wie fühlst du dich?

F: Eben war das ein richtiger Schock für mich. Aber jetzt wird es ruhiger in mir. Mein Herz hat mich immer noch an der Hand. Es fühlt sich ganz angenehm an. (Lachend.) Mein Herz ist neben mir und jubelt. Jetzt lässt es mich los. Es schlägt Purzelbäume in der Luft. Es ist fröhlich. Wir fallen und fallen. Es geht mir gut dabei.

I: Du kannst dem Fallen sagen, das du dich wohl fühlst. Du kannst es genießen. Du fällst in dich selbst hinein. Darüber freut sich dein Herz.

F: Fallen, du machst mir Spaß. Es kann immer weitergehen. Ich fühle mich ganz leicht, manchmal schwebe ich mit meinem Herzen. Und dann lasse ich mich wieder los und falle immer weiter hinunter in die Tiefe.

I: Lasse es geschehen. Genieße es. Du lernst dich kennen.

F: (Nach einer Pause.) Jetzt tauchen wir in die Dunkelheit der Tiefe ein. Auch das ist immer noch ganz angenehm, obwohl ich nichts mehr sehen kann. (Plötzlich zuckt sie erschrocken zusammen.) Es hat furchtbar gekracht. Ich bin aufgeprallt und in tausend Stücke zerplatzt. Auch das Herz fliegt in vielen Stücken auseinander. (Ängstlich.) Ich bin tot, das Herz auch. Da ist nichts mehr. Was jetzt?

I: Lasse diesen zertrümmerten inneren Zustand auch zu. Dein physischer Körper liegt hier ganz unverletzt und dein Herz schlägt weiter. Mache dich auch mit diesem inneren Zustand vertraut, in dem du dich zertrümmert fühlst. Er ist ganz normal.

F: (Überrascht und ruhig.) Ich lebe immer noch und mein Herz steht neben mir. Es ist wieder heil. Es lacht. Ich merke, dass ich auch wieder ganz normal aussehe. Mein Herz nimmt mich in die Arme und drückt mich kräftig. (Nach einer Pause.) Erst jetzt sehe ich, dass es um uns ganz hell ist. Da ist eine bunte, lebendige Landschaft mit Blumen und Bäumen und einem weiten Himmel mit einer hellen Sonne. An der einen Seite ist die hohe Felswand, an der wir heruntergefallen sind.

I: Wie fühlst du dich, wenn du merkst, wie gut dieses innere Abenteuer ausgegangen ist?

F: Ich kann es kaum glauben.

I: Sage der Tiefe, dass du dich in ihr wohl fühlst.

F: Tiefe, ich finde dich wunderbar. Ich spüre jetzt, dass die bunte Welt vor Energie vibriert. Und ich merke, dass mein Körper durchströmt wird von einer großen lebendigen Kraft. Es fühlt sich an, als wären Hemmungen und Blockaden verschwunden. Da fließen Kräfte in meinem Körper, die ich schon lange nicht mehr gespürt habe. Da ist irgend etwas ganz Grundlegendes in mir geschehen. Es ist ein Wunder.

I: Du hast den Mut gehabt, in deine Dunkelheit einzutauchen und dich in die bedrohliche Tiefe fallen zu lassen. Viele unserer vitalen Kräfte fließen in der inneren Tiefe. So wie du haben die meisten Menschen große Angst vor der inneren Dunkelheit und vor dem inneren Absturz. Dann können sich die Kräfte der Tiefe nicht entfalten. Der Mensch fühlt sich blockiert und leidet an Energiemangel. Oft meldet sich dann die Depression und ruft den Menschen, sich innerlich der Tiefe anzuvertrauen und auszuliefern. Das hast du getan. Wenn du möchtest, kannst du deiner Depression danken, dass sie dich in die Dunkelheit und in die Tiefe geführt hat. Und deinem Herzen kannst du auch danken.

F: Herz, ich danke dir, dass du mich geführt hast. Und, Depression, ich muss mich noch daran gewöhnen, dass du mir auch geholfen hast, mich kennen zu lernen in solchen wunderbaren inneren Zuständen.

I: In dieser Erfahrung hast du erlebt, dass du dich im Inneren nicht mehr vor dem Zerstörtwerden schützen musst. Daraus entsteht das Vertrauen, bewusster und offener mit deinen inneren bedrohlichen und zerstörerischen Kräften zu leben. Sie stehen dir dann friedlich zur Verfügung.

## *Amoklauf*

Ein etwa vierzig Jahre alter Mann kommt zu mir. Er hat schon einige innere Erfahrungen in Gruppen und auch in Einzelbegleitungen bei mir gemacht. Dabei hat er Beziehung zum Körper und zu angenehmen und unangenehmen Gefühlen gefunden.

Jetzt spricht er über seine Aggressionen, vor denen er sich immer zu schützen versucht hat. Mit seiner aufbrausenden Wut hat er schon viele Probleme gehabt. Er erinnert sich an seine Mutter, an der er sehr gelitten hat. Sie war in seiner Kindheit und Jugend immer wieder unberechenbar aggressiv und manchmal auch gewalttätig mit ihm umgegangen.

Nach diesen leidvollen Erfahrungen mit der Mutter hat er sein Leben lang versucht, seine Aggressivität unter Kontrolle zu halten, um nicht so zu werden wie seine Mutter. Er erlebt jedoch immer wieder heftige Ausbrüche von Aggressionen, die er kaum unter Kontrolle halten kann.

In früheren inneren Erfahrungen ist ihm bewusst geworden, dass seine Mutter große Probleme mit sich selbst hatte. Die Aggression der Mutter war gar nicht zuerst gegen ihn gerichtet. Sondern die Mutter hat in sich gegen das gekämpft, was sie nicht ertragen konnte, zum Beispiel Angst, Schwäche, Weichheit und Hilflosigkeit.

Jetzt ermutige ich (I:) ihn, seine Aggressionen innerlich kennen zu lernen. Er (M:) fürchtet jedoch, dass die Aggressionen dann noch schlimmer werden könnten. Ich versichere ihm, dass er die innere Reise abbrechen kann, wenn es ihm zu bedrohlich wird. Er legt sich zu einer Begleitung auf die Matte.

I: Möchtest du gleich zu deinem Herzen gehen, um jemanden zu haben, der dich unterstützt?
M: Herz, ich komme wieder zu dir. Ich freue mich auf dich.
I: Wie sieht dein Herz heute aus, wenn du zu ihm kommst?
M: Da sehe ich nicht mein Herz, sondern meine innere Mutter. Ich bin überrascht. (Nach einer Pause.) Sie steht einfach da und lächelt. Sie sagt: Ich werde dich begleiten.
I: Wie fühlst du dich jetzt?
M: Sie nimmt mich in ihre Arme. Ich fühle mich geborgen. Ich bin glücklich. Das konnte meine leibliche Mutter mir selten geben.
I: Frage die innere Mutter, ob sie mit dir zu deiner Aggression gehen will, damit du die besser kennen lernst.
M: Das fällt mir schwer. Ich glaube nicht, dass meine innere Mutter etwas mit Aggression zu tun hat. Wahrscheinlich ist sie entsetzt, wenn sie merkt, wie groß meine Wut und meine Gewalt sind. Denn meine innere Mutter ist weich, zart und liebevoll. Bei ihr

habe ich noch nie Wut gespürt.

I: Dann frage doch deine innere Mutter, ob sie deine Aggression kennt und ob sie Vertrauen zu ihr hat.

M: Wenn du es meinst. Innere Mutter, kennst du meine große Aggression? (Überrascht.) Sie sagt Ja. Das wundert mich aber. Das hätte ich nicht gedacht. (Nach einer Pause.) Innere Mutter, hast du Vertrauen zu meiner Aggression? Sie lacht und sagt Ja., ich habe zu allem in dir Vertrauen.

I: Was empfindest du jetzt, wenn du von deiner inneren Mutter erfährst, dass sie auch zu den schwierigen und bedrohlichen inneren Kräften Vertrauen hat?

M: So recht kann ich es nicht glauben. Denn ich habe immer versucht, die aggressiven Kräfte zu unterdrücken und unter Kontrolle zu halten. Und wenn sie dann rauskamen, waren sie schrecklich.

I: Frage die innere Mutter, ob sie mit dir zu deiner Aggression geht.

M: Innere Mutter, würdest du mit mir zu meiner Aggression gehen? Sie sagt sofort Ja und lächelt dabei.

I: Wie fühlst du dich, wenn deine innere Mutter mit dir geht?

M: Trotzdem habe ich Angst. Vielleicht kann ich meine innere Mutter nicht vor meiner großen Wut beschützen.

I: Probiere es aus. Du kannst sagen: Aggression, ich komme mit meiner inneren Mutter und mit meiner Angst zu dir.

M: Aggression, du machst mir schon jetzt Angst. Wie habe ich bisher an dir gelitten! Es fällt mir ganz schwer, zu dir zu kommen. Eigentlich will ich dich loswerden. (Nach einer Pause.) Trotzdem komme ich jetzt mit meiner inneren Mutter und meiner Angst zu dir.

I: Wie verhält sich deine innere Mutter, wenn ihr auf die Aggression zugeht?

M: Sie ist ganz locker, sie lächelt und nimmt mich an die Hand. Ich glaube, sie weiß gar nicht, worauf sie sich einlässt. Hoffentlich geht das gut.

I: Wie sieht die Aggression aus oder wie stellst du sie dir vor, wenn ihr auf sie zugeht?

M: Ich sehe und spüre nichts. Vielleicht mag ich ja vor lauter Angst gar nicht hinsehen. Denn ich kann mir nicht vorstellen, dass ich der gefürchteten gewaltigen Aggression im Inneren begegnen kann, ohne dass es eine Katastrophe gibt.
I: Bemühe dich nicht. Wenn nichts deutlich wird, lasse es so. Es gibt genug andere Dinge in dir, die du mit der inneren Mutter besuchen kannst.
M: (Ganz aufgeregt.) Jetzt geschieht etwas. Vor mir sind Geräusche. Dann kommt eine riesige Gestalt. Die ist ganz dunkel. Sie hat die Form meiner gewalttätigen Mutter. Es ist schrecklich. Die Gestalt bleibt stehen und sieht mich mit großen Augen an. Sie sagt: Ich bin deine Aggression. (Er atmet heftig.) Ich habe große Angst. Das kann nicht gut gehen.
I: Wie verhält sich deine innere Mutter?
M: (Aufgeregt.) Seltsamerweise ist sie ziemlich ruhig. Sie schaut sich die Aggression an. Und jetzt merke ich, wie in mir mal wieder eine große Wut hochkriecht. Das habe ich schon oft erlebt und die Wut schnell unter Kontrolle zu bringen versucht. Aber jetzt ist es viel intensiver. Es ist eine ganz dunkle, dicke, unkontrollierbare Kraft, die von unten nach oben in mir aufsteigt. Es ist eine schreckliche Mörderwut. Ich kann sie nicht zurückhalten. (Ganz aufgeregt.) Ich denke an meine Mutter, die mich gerade verprügelt hat. Und jetzt schlage ich zu in meiner Mörderwut. Ich prügele meine Mutter, ich trete sie. Sie stürzt hin. Ich trample auf ihr herum. Sie jammert noch, aber ich mache immer weiter, bis sie völlig zermatscht ist. Meine Mörderwut hat sie erledigt.
I: Da, wo du jetzt bist, kannst du alles machen, was du willst, auch wenn es dir unerträglich ist. Wie geht es deiner Mörderwut?
M: Ich bin schockiert. Aber ich spüre auch die große Kraft, die warm in mir fließt.
I: Gibt es noch jemand, auf den du wütend bist? Dann kannst du sagen: Mörderwut, ich lasse dich zu.
M: Da fällt mir mein Vater ein, der mich nicht geschützt hat. Er steht ganz dämlich da. (Laut.) Du blöder Hund, du hast mich verraten. Ich habe ein Schwert und schlage einfach zu. Mein Vater guckt ganz blöde, als er zerteilt auseinander fällt. (Er lacht

laut.) Mein blöder zerteilter Vater. Das sieht lustig aus.
I: Du kannst deiner Mörderwut sagen, dass sie dir Spaß macht.
M: Ja wirklich. Mörderwut, du machst mir Spaß. (Erstaunt.) Stell dir vor, meine innere Mutter lacht und sagt: Mach weiter. Das ist kaum zu glauben, aber so ist es. Jetzt kommt die Mörderwut total über mich. Ich denke an einen Lehrer aus der Schule. Der war ganz ungerecht. Ich gehe hin zu ihm und hau ihm in die Fresse. Und noch einmal. Dann trete ich ihn. (Er schreit.) Du kriegst, was du verdient hast. Und jetzt schlage und trete ich voller Mörderwut. Der Lehrer liegt da und rührt sich nicht mehr. Dann sehe ich ein paar Frauen aus meinem Leben, die mich herabgesetzt und verachtet haben. Ich habe eine Keule und schlage zu. Ich tobe und schreie in meiner Mörderwut. Ich haue sie alle platt. Das haben sie wohl nicht gedacht. Oh Gott, zufällig habe ich auch meine innere Mutter platt gehauen. Aber das macht jetzt auch nichts mehr. In mir tobt meine Mörderwut. Jetzt bin ich in der Stadt in der Hauptstraße. Da wimmelt es von Menschen. Jetzt habe ich ein richtiges Maschinengewehr und mähe sie alle nieder. Meine Mörderwut tobt und schreit. Mein Maschinengewehr hämmert. Ich bringe sie alle um. Mein Gott, ist das eine Erleichterung. (Nach einer Pause.) Darf ich mich wohl fühlen mit meiner Mörderwut? Ist das normal?
I: Genieße die große Kraft deiner Mörderwut und freue dich, dass du sie auf der richtigen Ebene auslebst. Außen wäre das verhängnisvoll. Da, wo du jetzt bist, ist es eine Erlösung, wie du selbst merkst. Endlich können die Energien in dir fließen, die du total blockiert hast und die dir dadurch so bedrohlich geworden sind.
M: Es wird ganz ruhig in mir. Die Mörderwut ist hell und viel kleiner als am Anfang. Sie freut sich und nimmt mich in ihre Arme. Sie ist eine wunderbare, warme, fließende Kraft, die sich nicht mehr bedrohlich anfühlt. Wie kann das bloß angehen? Jetzt steht meine innere Mutter neben mir, die ich zufällig platt gehauen habe. (Erschrocken.) Innere Mutter, es tut mir sehr Leid, dass ich dich platt gehauen habe. (Erstaunt.) Sie lächelt und sagt: Ich freue mich, dass du endlich deine Aggression innen ausgelebt hast. Dort kannst du niemanden verletzen oder töten.

I: Dann frage doch alle, die du gerade umgebracht hast, ob sie in dir sind.
M: (Erstaunt.) Seid ihr alle in mir? (Nach einer Pause.) Alle stehen wieder ganz unverletzt da. Manche lachen. Manche gucken sauer. Sie rufen: Natürlich sind wir in dir. Wo sollten wir wohl sonst sein?
I: Wenn du willst, kannst du ihnen sagen, dass sie jetzt auch mit dir machen können, was sie wollen. Vielleicht haben sie ja auch Mörderwut.
M: Das geht doch nicht. Vielleicht machen die mich kaputt. Ich habe Angst.
I: Es geht nicht um deinen Körper. Der liegt hier ganz sicher. Du bist in dir. Dort hast du gewütet und dort kannst du dich der Aggression auch ausliefern. Lasse die Angst bei dir sein und versuche, dich an die inneren Gestalten auszuliefern.
M: Meine innere Mutter steht neben mir. Sie lächelt und nickt mir zu. (Nach einer Pause.) Na gut: Ihr könnt jetzt mit mir machen, was ihr wollt. (Zögerlich.) Viele lachen und bleiben stehen. Einige kommen angerannt und haben Waffen dabei. Einer haut mich platt mit seiner Keule. Einer trampelt mich zu Matsch. Ich kann gleich wieder aufstehen. Dann kommt einer mit einem großen Messer und zerhackt mich in viele Teile. (Überrascht.) Es tut nicht weh. Ich muss mich nicht schützen. Jetzt kommt auch noch einer mit einer Maschinenpistole und schießt so viele Löcher in mich, dass ich wie ein Sieb aussehe. Darüber muss ich selbst lachen. Die bringen mich um und gleich danach bin ich wieder heil. (Erheitert.) Die mich angreifen, verlieren die Lust, weil ich mich nicht wehre und mich nicht schütze. Sie finden das langweilig. (Nach einer Pause.) Vor all solchen Bedrohungen habe ich mich mein Leben lang gefürchtet und geschützt. Und jetzt stehen alle, die ich grausam umgebracht habe, lachend da. Sie freuen sich, dass ich meine Mörderwut ausgelebt und mich ihr ausgeliefert habe. Es ist ein großes Fest. Sie jubeln und tanzen. Die Mörderwut tanzt gerade mit meiner inneren Mutter, die ganz zufrieden aussieht. Aber ehrlich: So richtig geheuer ist es mir noch nicht. Ich merkte aber, dass viel in mir in Bewegung gekommen ist. Die große Kraft meiner Mörderwut

fließt warm und weich. Auch mein Körper ist durchströmt von dieser Kraft, die sich ganz friedlich anfühlt.

## *Einige Bemerkungen zu den inneren Begleitungen*

In den vorstehenden Einzelbegleitungen gebe ich innere Erfahrungen wieder, die zu aggressiven und zerstörerischen Gefühlen, Gestalten oder Energien führen. Es sind sehr typische Erfahrungen, die ich schildere. Alle enden mit einer Erlösung, in der der Mensch mehr Beziehung und mehr Vertrauen zum Bedrohlichen und Gefürchteten in seinem Inneren gewinnt.

Damit ermutige ich Sie, als Leser, zu glauben und zu hoffen, dass sie sich auch von den bisher üblichen Vorstellungen und Abwehrhaltungen gegenüber dem Aggressiven und Zerstörerischen im eigenen Inneren erlösen können. Aus meinen sehr vielen Erfahrungen kann ich auch Therapeuten ermutigen, wenn sie es als angemessen empfinden, manchmal kleine Experimente mit einem Patienten zu machen, um selbst mitzuerleben, ob das, was ich vermittle, dem Patienten (und Ihnen selbst) hilft, Vertrauen zu sich zu gewinnen.

Wie Menschen mit solchen Erfahrungen umgehen, ist sehr unterschiedlich. Einige finden in einer einzigen inneren Erfahrung sehr viel Vertrauen. Sie haben die Einfachheit dieses inneren Weges begriffen und können danach bewusster und vertrauter mit sich leben. Das bedeutet jedoch nicht, dass man immer tief in innere Geschichten eintauchen muss, wie ich sie in den Begleitungen geschildert habe. Es reicht völlig aus, ab und zu bewusster zu merken, was in einem geschieht. Dem kann man sich zuwenden und Kontakt aufnehmen, so wie ich es im ersten Teil des Buches beschrieben habe.

Es gibt aber auch Menschen, die in einer inneren Erfahrung eine Erlösung genießen und danach viel Zeit brauchen, sich an den neuen inneren Umgang zu gewöhnen. Und es geschieht manchmal, dass jemand in einer Einzelbegleitung keine Erlösung erlebt. Er braucht längere Zeit, an derartig schwierige Themen heranzugehen. Einige Menschen kommen schon jahrelang zu mir.

Aus all den Begleitungen habe ich gelernt, dass jeder Mensch seinen eigenen Weg auf seine Weise und in seiner Geschwindigkeit geht. Für mich ist der Mensch, der zu mir kommt, eine vollkommene Seele auf ihrem Wege. Ich muss dem Menschen nichts erklären, ich muss ihn nirgends hindrängen, ich begleite ihn durch seine Erfahrungen. Jeder erlebt Themen, die ihm in diesem Augenblick seines Lebens entsprechen. Wenn sich der Mensch ein paar Wochen später noch einmal innerlich denselben Themen zuwendet, erlebt er alles neu und vielleicht ganz anders.

Mir geht es ganz ähnlich bei den Begleitungen. Auch wenn ich ein bestimmtes inneres Thema schon tausend Mal miterlebt habe, ist es beim tausendundersten Mal wieder neu und ganz einzigartig, was da im Menschen geschieht. Es gibt keine Wiederholungen, da das Leben immer neu fließt. So kann ich gelassen neben dem Menschen sitzen, ohne bestimmte Erwartungen haben zu müssen. Die große Geduld, die ich dabei gelernt habe, wirkt sich bis in meinen Alltag aus.

Ich erlebe manchmal mit, dass bei einem Menschen auch dann (innere) Krisen entstehen können, wenn er schon viel Vertrauen zu sich gewonnen hat. Der Betroffene glaubt, dass sein Vertrauen und das bisher Erfahrene verloren gegangen sind. Wenn er dann bei mir eine innere Erfahrung macht, wird ihm meistens bewusst, dass seine bisherigen Erfahrungen und sein Vertrauen nicht verschwunden sind, sondern ihn zu tief greifenden neuen Erfahrungen führen. Ihm ist durch die Krise von innen angeboten worden, sich mit besonders schwierigen Themen zu beschäftigen, die er bisher noch nicht zulassen konnte.

## Vertrauen gewinnen zu den inneren aggressiven Kräften

- Jede Form des Lebens auf der Erde enthält Geburt und Tod, Schöpfung und Zerstörung. In diesem Augenblick sterben im eigenen Körper Tausende von Zellen ab und werden vom Immunsystem entsorgt. An ihrer Stelle entstehen neue Zellen, die genau das tun, was die alten Zellen getan haben. Wir haben den Eindruck, dass der Körper über lange Zeit erhalten bleibt. Physisch lebt er jedoch im ewigen Entstehen und Vergehen. Schöpfung und Zerstörung sind die Pole des Lebens.
- Im Gegensatz zu bei uns üblichen Vorstellungen sind Aggression und Zerstörung im Inneren des Menschen völlig normale Energien. Es gibt sie in jedem Menschen als Teil der inneren Vollkommenheit. Sie gehören nach innen und fließen dort kraftvoll und friedlich, wenn man sie kennt und Vertrauen zu ihnen hat. Das wird in manchen Religionen durch entsprechende Gottheiten vermittelt oder in der Meditation durch die Beschäftigung mit diesen Kräften.
- Die aggressiven und zerstörerischen Kräfte sind auf allen Ebenen des Menschen notwendig und wertvoll.
  - Im physischen Körper werden diese Energien zum Beispiel im Immunsystem ausgelebt, das mit größter Gewalt alles angreifen und zerstören muss, was den Körper schädigen oder töten könnte. Das sind nicht nur Viren und Bakterien, sondern auch entartete Zellen wie zum Beispiel Krebs.
  - Das Nahrungssystem des Körpers beruht auf Zerstörung. Feste Nahrung wird von den Zähnen mit großer Gewalt zerkleinert. Jede Nahrung wird im Magen von einer höchst aggressiven Säure so zerlegt und aufgeschlossen, dass sie im Darm ausgewertet werden kann. Der gesamte Stoffwechsel des Körpers beruht auf „Verbrennungsvorgängen".
  - Aggressive Gefühle, Gedanken, Gestalten und Bilder sind die größten inneren Energien. Sie wirken bis in den Körper hinein. Zum Beispiel im Geist zu wüten führt fast immer zu starken

Reaktionen im Körper. Ich kann mich sehr gut daran erinnern, als ich mich monatelang jeden Tag meiner inneren Gewalt und Zerstörung ausgeliefert habe. Jedes Mal wurde mein physischer Körper durch eine große und angenehme Hitze durchflutet. In einigen der in diesem Buch geschilderten Begleitungen wird auch deutlich, dass eine innere „Zerstörung" des Körpers zu sehr angenehmen Zuständen führt, in denen im physischen Körper warme und kraftvolle Energien fließen.

• Aggressive Gedanken können bisherige, oft zwanghafte Vorstellungen und Bilder zerstören, sodass neue Vorstellungen und Bilder aufkommen können. Wie oft habe ich miterlebt, dass das Bild einer schwierigen Mutter nicht mehr so einseitig im Vordergrund stand, nachdem der Mensch die Mutter in Gedanken getötet und vernichtet hatte. Damit war der Raum offen für das Bild und die Erfahrung einer liebevollen inneren Mutter, die jeder in sich hat, die jedoch hinter dem zwanghaften Bild der schwierigen Mutter verborgen war.

• Im Inneren gibt es keine wirklichen Gefahren durch zerstörerische Bilder oder Gedanken. Dass ein Mensch vor solchen Vorgängen und Zuständen Angst hat und sich zu schützen versucht, macht deutlich, dass er mit der inneren Welt nicht vertraut ist und sie mit der äußeren Welt verwechselt. Man darf die schrecklichsten Bilder im Inneren zulassen und man darf die übelsten Gewalttaten fantasieren. Das führt nicht zu Schäden im Körper oder im Geist.

• Die bei uns übliche Vorstellung, dass jemand, der im Inneren Gewaltgedanken zulässt, zum Gewalttäter in der äußeren Welt wird, ist falsch. Wie viele Menschen gibt es, die von ihren Gewaltfantasien leben. Zum Beispiel als Autoren von Kriminal- oder Horrorgeschichten oder als Filmemacher von schrecklichen Horrorfilmen. Die müssten besonders gefährdet sein, mit ihrer Gewalt nach außen zu gehen und dort Schaden anzurichten. Davon ist mir nichts bekannt. Denn eine Horrorgeschichte zu schreiben und zu lesen findet ganz im eigenen Geist statt.

• In diesem Zusammenhang kann man auch wahrnehmen, wie viele Menschen Filme, Geschichten und Berichte über Gewalt konsumieren. Es gibt Boulevard-Zeitungen, die jeden Tag in dicken Lettern auf der ersten Seite über Verbrechen, schwere Unfälle und

Naturkatastrophen berichten, bei denen viele Menschen oder bekannte Menschen umgekommen sind. Diese Zeitungen könnten nicht existieren, wenn es nicht die vielen Leser gäbe. Und das sind nicht nur „primitive" Menschen, sondern - wie ich immer wieder im Flugzeug sehe - Akademiker und Manager. Wie viele Kriminal,- Kriegs- und Horrorfilme gibt es im Kino und im Fernsehen! Auch da ist ein großes Publikum. Das bedeutet, dass sich die Menschen mit dem Thema Gewalt beschäftigen und sich innerlich davon berühren lassen. Für mich steht dahinter die Sehnsucht, diese aggressiven und zerstörerischen Energien, die jeder in sich hat, kennen zu lernen, um mit ihnen vertrauter zu werden. Leider gelingt das auf diese Weise nicht, sodass die Menschen - fast suchthaft - immer wieder die äußeren Reize brauchen.

- Die allgemeine Bewertung der inneren Welt nach „gut" und „schlecht" ist besonders intensiv bei den aggressiven Kräften, die - auch im Christentum - als das „Böse" bezeichnet, verdammt und bekämpft werden. Dabei werden sich die großen Kämpfer gegen das Böse nicht bewusst, dass sie genau die aggressiven Kräfte zur Abwehr benutzen, die sie verteufeln und überwinden wollen. Der unbewusste Umgang mit inneren Aggressionen hat schwerwiegende Folgen auf allen Ebenen der menschlichen Existenz.

  - Die meist unbewusste Abwehr, Verdrängung und Unterdrückung verbrauchen viel Energie. Gelingt es, die bedrohlichen kraftvollen Aggressionen einigermaßen zu blockieren, dann fehlt einem auch deren Kraft. Man kommt von innen her in ein Energiedefizit. Das äußert sich bis in den Körper hinein als Erschöpfung, Schwäche und Überforderung. Für viele Menschen bei uns ist das fast der (leidvolle) Normalzustand. Da Erschöpfung und Schwäche ebenfalls unangenehm sind, werden auch sie bekämpft und verdrängt. Das Defizit an Energie wird dadurch noch größer.

  - Die Abwehr der eigenen aggressiven Kräfte im Inneren kann dazu führen, dass das „gewalttätige" Immunsystem nicht genug innere „Unterstützung" bekommt. Man hat dann ein geschwächtes Immunsystem, das Erkrankungen zulassen muss. Denn für den Körper sind die inneren Bedingungen ganz wesentlich, die im eigenen Geist entstehen. Die unbewusste Ablehnung bestimmter innerer Energien kann sich im physischen Körper in vielen Symptomen ausdrücken. Ich erlebe immer wieder mit, dass sich nach inneren Erfahrungen körperliche Probleme vermindern oder gar ganz verschwinden.

• Die Verteufelung der aggressiven Kräfte führt nicht nur zur Abwehr, sondern auch zu Angst, Panik und Hilflosigkeit, wenn man merkt, dass man das „Böse" nicht überwinden kann. Sehr viele Menschen leiden an ihren bedrohlichen Schreckensbildern, die immer wieder ins Bewusstsein kommen. In vielen Therapien werden solche inneren Bedrohungen durch Behandlungen oder Medikamente unter Kontrolle zu bringen versucht. Die Betroffenen (und auch die Therapeuten) können damit jedoch zu diesen bedrohlichen Energien kein Vertrauen gewinnen. Ich habe mehrere Menschen ermutigt, ihre Psychose kennen zu lernen. Da kamen am Anfang ganz unerträgliche Zustände oder Bilder ins Bewusstsein, die dem Menschen große Angst machten. Im Kontakt mit der Psychose und in der Hingabe an die Bedrohungen erlösten sich die meisten Ängste und Abwehrhaltungen. Die Menschen wurden lebensfähiger.

• Alles, was man innen zu unterdrücken versucht, drängt sich immer heftiger ins Bewusstsein. So melden sich die verdrängten aggressiven Kräfte kraftvoll in sich wiederholenden bedrohlichen Träumen, Erinnerungen und Bilder. Im Körper zeigen sich diese Kräfte zum Beispiel in autoaggressiven oder aggressiven Erkrankungen, zu denen man auch Krebs zählen kann. Ich erlebe immer wieder mit, dass jemand zum Beispiel beim Besuch seines Rheumas zu bedrohlichen und zerstörerischen Gefühlen oder Bildern kommt, vor denen er bisher viel Angst hatte und vor denen er sich intensiv geschützt hat. Wenn er den Mut hat, an diese inneren Bedrohungen heranzugehen, wird er mit ihnen vertrauter. Das kann das Rheuma erleichtern.

• Die schlimmsten Folgen von unterdrückten aggressiven Kräften spielen sich in der äußeren Welt ab. In diesem Buch schildere ich an mehreren Stellen, wie jemand zum Gewalttäter wird und großes menschliches Leid verursacht. Ich fasse diesen unbewussten Umgang mit sich selbst noch einmal kurz zusammen: Ein unbewusster Mensch versucht, seine Trauer, Angst, Hilflosigkeit, Wut, Enttäuschung und alle die vielen anderen „negativen" Gefühle zu bekämpfen, um sie zu überwinden. Er geht davon aus, dass diese unangenehmen Gefühle von außen zu ihm kommen. Er sieht zum Beispiel die Ursache seines Leidens im Verhalten eines anderen Menschen. Ihm ist nicht bewusst, dass die Gefühle in ihm sind und zu ihm gehören. Er muss also auf den anderen Menschen einwirken, damit es ihm besser geht. Er setzt den anderen unter Druck, sich besser zu verhalten. Wenn das nicht gelingt, wird der Betroffene hilflos und wütend, was er ebenfalls nicht mag und woran der andere Mensch auch schuld sein soll. Es ist möglich, dass die Situation eskaliert. Der unbewusste Mensch fühlt sich zunehmend schlechter und hilfloser. Denn der andere reagiert nicht so, wie es der Unbewusste haben will. Es besteht die Gefahr, dass der Leidende nicht mehr nur gewalttätig gegen seine eigenen unerträglichen Gefühle kämpft, sondern auch gegen den anderen Menschen, der zum „Feind" geworden ist. Das kann in verbaler Aggression ausgelebt werden, aber auch in Gewalt bis hin zum Mord.

- Ein Mensch, der mit sich vertrauter ist, kann sich auch über jemanden ärgern und sich mit ihm auseinander setzen. Aber wenn er seine Hilflosigkeit und Wut spürt, wird ihm bewusst, dass es seine eigenen Gefühle sind, die er innerlich schon kennen gelernt hat. Daher muss er dann nicht aggressiv gegen seine eigenen unangenehmen Gefühle kämpfen. Damit gibt es auch keinen Anlass, außen gewalttätig zu werden.

## *Selbstbewusstsein und Selbstvertrauen*

Jeder Mensch lebt in und aus seiner eigenen inneren Welt, ob es ihm bewusst ist oder nicht. Nach meinen Erfahrungen unterscheiden sich Menschen vor allem darin, dass sie mehr oder weniger Vertrauen zu ihrem eigenen Leben haben.

Man hat mehr Vertrauen zum Leben mit all seinen angenehmen und unangenehmen Aspekten, wenn man aus persönlichen (religiösen) Erfahrungen in der Sicherheit lebt, dass jeder Augenblick richtig und sinnvoll ist.

Ich bin auch durch Reisen nach Indien auf meinen inneren Weg gekommen. So habe ich in Bombay Familien beobachtet, die auf der Straße leben. Manche dieser Menschen hatten viel ruhigere und zufriedene Gesichter als viele Menschen bei uns, die materiell problemlos leben können. Mir wurde bewusst, dass diese Inder anders über ihr Leben denken, als wir es tun. Das war ein Anlass, mich mit östlichen Religionen zu beschäftigen. In Gesprächen mit reichen Indern erfuhr ich, dass sich auch diese Menschen in einem größeren Zusammenhang empfinden.

Sie glauben an die Wiedergeburt und wissen, dass ihr gegenwärtiges Leben geprägt wird von ihren Erfahrungen und Verhaltensweisen in früheren Leben. Es gilt, das jetzige Leben als den individuellen eigenen Weg zu akzeptieren. Die armen Menschen nehmen ihre materielle Not hin und gewinnen damit Ruhe, Zufriedenheit und die Aussicht auf ein nächstes angenehmeres Leben. Die reichen Menschen genießen die schönen Bedingungen ihres Lebens. Alle, die ich kennen gelernt habe, fördern soziale Einrichtungen für die Armen und Leidenden. Sie wissen, dass es nötig ist, sich um diese zu kümmern, um auch im nächsten Leben wieder unter günstigen Bedingungen leben zu können.

Diese Art zu denken ist für viele westliche Menschen geradezu unerträglich. In Indien habe ich immer wieder von Europäern gehört: „Warum tun die armen Menschen nicht endlich etwas, um aus dem Elend herauszukommen?" Diese östliche Form von Hingabe an das eigene Schicksal ist bei uns fast unbekannt.

Es gibt auf der Erde unendlich viele Möglichkeiten, sein Vertrauen zu definieren. Man kann als Inder der Gerechtigkeit der Wiedergeburten vertrauen. Man kann sich als Jude, Christ oder Moslem Gott anvertrauen. Man kann als Buddhist aus persönlichen Meditations-Erfahrungen Vertrauen gewinnen. Man kann sich in Naturreligionen als Teil des sinnvollen Ganzen erfahren. Und man kann durch innere Erfahrungen die Gewissheit erlangen, dass man immer bei sich ist und dass alles zu einem gehört, ob man es versteht oder nicht.

Mir ist im Laufe meiner inneren Erfahrungen bewusst geworden, dass Vertrauen auf Hingabe beruht. Dabei geht es nicht darum, sich einem Menschen oder etwas Äußerem auszuliefern. Hingabe ist ein

Vorgang im eigenen Geist. Wiedergeburt ist Geist. Gott ist Geist, Jesus ist Geist. Buddhanatur ist Geist. Religion ist Geist. Und die ganze unermessliche innere Welt des Menschen ist Geist.

# Anhang
(Dieser Anhang findet sich in allen von mir privat
heraus gegebenen Büchern über innere Erfahrungen)

## Menschen in ihren inneren Erfahrungen begleiten

Ich habe diesen Weg nach innen ohne einen Lehrer und ohne eine Ausbildung gefunden. Ich war schon immer sehr neugierig und habe öfter Dinge ausprobiert, von denen Freunde und Verwandte glaubten, dass sie nicht gelingen würden. Manchmal hatten sie Recht, aber manchmal machte ich erstaunliche Erfahrungen, die meinen Mut vertieften.

Am Beginn dieses Weges habe ich mich von einigen spirituellen und religiösen Vorgängen berühren lassen, die mir - und den meisten westlichen Menschen - zuerst ganz fremd, manchmal sogar bedrohlich erschienen. So habe ich mit mehreren spirituellen Lehrern aus verschiedenen Religionen über meine Erfahrungen gesprochen. Sie haben mir bestätigt, dass auch fremde oder bedrohliche innere Vorgänge ganz normal sind. Ich habe verschiedene Geistheiler in ihren Fähigkeiten beobachtet. Einige Male ließ ich mich selbst behandeln. Solche erstaunlichen Erfahrungen führten dazu, dass ich mein naturwissenschaftliches Denken nicht aufgegeben, sondern relativiert habe. Mir wurde bewusst, dass es neben unserer Art zu denken unendlich viel mehr gibt, was bei uns unbekannt ist, nicht beachtet wird oder als Unsinn abgewertet wird.

Als ich begann, andere Menschen durch ihre Erfahrungen zu begleiten, war ich ganz unsicher. Ich wusste nicht, was ich eigentlich machte und wie weit ich gehen durfte. Solche Zweifel und Ängste haben mich zuerst ganz unbewusst begleitet und mich vorsichtig sein lassen. Dann wurden mir Angst und Zweifel bewusst und ich fing an, sie in meine inneren Begleitungen mit hinein zu nehmen. Ich probierte an mir und anderen Menschen aus, Grenzen zu erfahren und - wenn es möglich war - bewusst über sie hinaus zu gehen. Dabei habe ich die Menschen nie bedrängt, sondern ihnen immer angeboten, in einer schwierigen Situation abzubrechen oder woanders hinzugehen. Wenn jemand weiter gehen konnte, erlebte ich mit ihm, dass er nicht geschädigt oder zerstört wurde, sondern erstaunliche Öffnungen und Veränderungen geschahen, die man nicht erwarten und auch nicht erzeugen konnte. Den Menschen (und mir) wurden Erlösungen von innen geschenkt.

Durch das Miterleben solcher innerer Vorgänge und Zustände und durch meine eigenen Erfahrungen gewann ich sehr viel Vertrauen zu mir. Dadurch fiel es mir leichter, die von mir begleiteten Menschen zu ermutigen, innen so weit zu gehen, wie sie konnten und wollten.

Seitdem habe ich Erfahrungen gemacht, die vielleicht manchen Therapeuten und Psychiatern unvertraut sind. Denn bei uns gibt es viele Vorstellungen, die Ängste und Schutz vor dem inneren Unvertrauten und Bedrohlichen auslösen. Inzwischen weiß ich jedoch ganz sicher, dass man im eigenen Inneren alles tun kann aber auch alles geschehen lassen kann. Es gibt keine wirklichen Gefahren, vor denen man sich schützen müsste. Man begibt sich ja in die eigene Seele, in der man Vertrauen und Liebe finden kann.

## *Vor der Begleitung*

Wenn jemand zu mir kommt, bitte ich ihn, an einem kleinen Tisch Platz zu nehmen. Ich setze mich ihm gegenüber und frage ihn, was ihn gerade berührt oder wem er in sich näher kommen möchte. Oft gibt es ganz konkrete Themen wie Krankheit, Beziehungsprobleme, Tod eines nahen Menschen, Überforderung oder Erschöpfung.

Man muss jedoch nicht nur innere Erfahrungen machen, wenn es einem schlecht geht. Auch wenn mir jemand sagt, dass er sich wohl fühlt, zur Zeit kaum Probleme hat und auf sich selbst neugierig ist, ist er bei mir willkommen. Denn ich bin kein Therapeut, sondern vermittle einen Weg in die eigene innere Welt.

Wenn der Mensch über sich spricht, höre ich ihm aufmerksam zu. Kommen dabei schon starke Gefühle auf wie Trauer oder Angst, ermutige ich ihn, sie zuzulassen. Fällt ihm das schwer, sage ich ihm ausdrücklich, dass ich mit diesen Gefühlen sehr vertraut bin und mich geradezu darüber freue, wenn er sie schon jetzt auslebt.

Wenn der Mensch über sich spricht, betrachte ich ihn als eine Seele, welche die Erfahrungen macht, die zu ihr gehören. Damit sehe ich seine Themen als innere Vorgänge. Spricht er zum Beispiel über Probleme mit einem anderen Menschen, dann ist mir klar, dass es jetzt nicht in erster Linie um seine äußere Beziehung geht, sondern um die Beziehung zu sich selbst. Darüber spreche ich jedoch nicht mit ihm, weil er es in seiner inneren Erfahrung selbst erleben wird.

Eigentlich muss niemand ausführlich schildern, was ihn berührt, weil in der anschließenden Begleitung das Richtige geschehen wird. Wenn jemand Einzelheiten erzählt, kann man das jedoch auch benutzen, um das Thema in der Begleitung aufzugreifen. Spricht jemand - vielleicht aus Erfahrungen in einer Therapie - sehr ausführlich über sein Leben und sein Leiden, dann weise ich ihn nach einiger Zeit darauf hin, dass ich nicht alles wissen muss, um ihn unterstützen zu können. Ich bitte ihn dann, seine inneren Erfahrungen zu machen.

Wenn man den Menschen gut kennt, kann man ihn in der Begleitung duzen. In meinen Gruppen duze ich alle Teilnehmerinnen und Teilnehmer. Ich biete aber immer an, dass man mich siezen kann, wenn einem das Du nicht angenehm ist. Dann erwidere ich das Sie. Zu Einzelbegleitungen kommen aber immer wieder Menschen, die ich nicht kenne. Dann sieze ich sie, was zu keinerlei „Qualitätsunterschied" in der Begleitung führt. Das Du ist sicher ein bisschen intimer. Das Sie kann aber auch hilfreich sein, etwas mehr Distanz zu haben. (Im Folgenden werde ich meine Beispiele für Fragen im Du oder im Sie formulieren, damit beide Möglichkeiten selbstverständlich werden.)

Außen und innen sollte man dem Menschen so viel Freiheit wie möglich geben. Ich empfehle dem Menschen, sich (auf eine weiche Matte auf den Fußboden) zu legen und setze mich neben ihn auf ein Meditationskissen, sodass ich ihn ansehen kann. Es ist aber auch möglich, jemanden zu begleiten, der auf einer Couch liegt oder in einem Sessel oder auf einem Stuhl sitzt. Ich bitte den Menschen, seine Augen zu schließen. Wenn er es nicht kann oder will, lässt er seine Augen offen. Meistens hindert es ihn nicht, die innere Welt zu erfahren. Für manche ist es notwendig, am Anfang Sicherheit zu finden, indem sie sich immer wieder auch nach außen orientieren.

## *Die Begleitung*

Wenn man bisher nur wenige Menschen nach innen begleitet hat, ist es selbstverständlich, dass man vor und bei den Begleitungen Angst und Unsicherheit empfindet. Die sollte man sich zugestehen und sie innerlich ansprechen.

Ich beginne eine Begleitung meisten mit der Frage: „Wie fühlst du dich?" Wenn der Mensch sagt: „Ich bin ganz aufgeregt", ermutige ich ihn, laut zu sagen: „Aufregung, ich spüre dich."

Am Anfang fällt es einigen Menschen sehr schwer, laut zu etwas in sich zu sprechen. Manchmal quält sich jemand regelrecht, weil es ihm verrückt oder lächerlich erscheint. Ich sage dann, dass er nicht laut zu sich sprechen muss. Er kann auch leise hinsprechen. Ich mache jedoch darauf aufmerksam, dass das laute Sprechen den Vorteil hat, dass ich ihn viel besser spüren kann. Außerdem erscheint mir das laute Sprechen als intensiver. Wenn der Mensch es dann probiert, hat er nach einigen Sätzen vergessen, dass er es eben noch lächerlich fand. Denn er spürt meistens sofort den Kontakt nach innen und bekommt vielleicht sogar Antworten von dort.

Wenn jemand innerhalb einer Begleitung zu einem Thema kommt, das er für sich behalten will, sage ich ihm, dass er leise mit sich reden kann. Wenn er dann wieder laut sprechen will, tut er es. Damit gebe ich dem Menschen die Gelegenheit, Dinge auch bei sich zu lassen. Bei mir machen nur ganz wenige Gebrauch davon, weil sie spüren, dass ich sie nicht bewerte oder verurteile. Oft kann ich jemandem, der laut über sein unerträgliches Thema spricht, deutlich machen, dass es nicht so ungewöhnlich, ist wie er bisher geglaubt hat. Das erleichtert ihn. Manchmal beichtet mir jemand etwas, was er noch nie einem anderen Menschen gesagt hat. Ich ermutige ihn dann, sich dem innerlich zu öffnen. Mir ist jedoch noch nie von einem (bisher unbekannten) Verbrechen berichtet worden. Sollte das einmal geschehen, werde ich den Menschen ermutigen, die irdischen Konsequenzen zu tragen und sich zu stellen.

Natürlich muss man über den Inhalt von Begleitungen grundsätzlich anderen gegenüber schweigen. Sonst verliert man sofort das Vertrauen der Menschen, die zu einem kommen. Ich rede natürlich in meinen Gruppen oder ich schreibe in meinen Büchern über Erfahrungen, die ich miterlebt habe. Dabei sorge ich dafür, dass man den Menschen nicht identifizieren kann.

In der Begleitung versuche ich, von mir aus nur selten etwas hinzuzufügen. Ich gebe dem Menschen meistens seine Worte zurück. Nachdem er gesagt hat: „Aufregung, ich spüre dich," frage ich: „Wo ist deine Aufregung besonders deutlich?" Wenn er sagt: „Ich spüre sie im Bauch," dann sage ich: „Sprich doch deinen Bauch an und sage: Bauch, ich spüre dich in deiner Aufregung." Ich hätte auch sagen können: „Wie fühlst du dich mit deiner Aufregung? Ist sie dir erträglich?" Wenn der Mensch sagt: „Ich mag sie nicht", ermutige ich zu sagen: "Aufregung, ich mag dich nicht" oder „Ablehnung, ich spüre dich."

Manchmal frage ich danach: „Was könnte geschehen, wenn die Aufregung noch stärker würde?" Wenn der Mensch Angst äußert, sage ich: „Du kannst es ausprobieren. Wenn du willst, sage deiner Aufregung, dass du sie jetzt zulässt. Wenn es dir unerträglich wird, kannst du Stopp sagen und es abbrechen." Meistens wird ein bedrohliches Gefühl viel ruhiger, wenn man es zulässt oder sich ihm sogar ausliefert. Der Mensch erfährt dann, dass er sich nicht mehr so schützen muss, wie er es bisher unbewusst getan hat. Die intensivste Form des Auslieferns ist der Satz: „Aufregung, mache jetzt mit mir, was du willst."

Wenn der Mensch spürt, dass sein Herz besonders aufgeregt ist, frage ich ihn, ob er mit seinem Herzen vertraut ist. Meistens hat er noch nie direkt Kontakt zu seinem Herzen gehabt. So frage ich: „Willst du dein Herz besuchen, um es besser kennen zu lernen?" Fast jeder möchte es, manche bezweifeln aber, ob sie es können. Dann können sie sagen: „Zweifel, ich spüre dich. Komm mit zu meinem Herzen." Auch wenn Freude, Neugier oder Trauer aufkommt, kann der Mensch das Gefühl bitten mitzukommen. Er kann sagen: „Herz, ich komme jetzt mit meiner Neugier zu dir." Ich warte einen Augenblick, bis ich frage: „Wie sieht dein Herz aus oder wie stellst du es dir vor, wenn du ihm näher kommst? Wirkt es klein oder groß, hell oder dunkel?"

Die meisten Menschen haben sofort einen ziemlich deutlichen Eindruck. Dabei macht es überhaupt keinen Unterschied, ob das

Bild von allein aufsteigt oder ob man es sich vorstellt. Wenn jemand nichts sieht, ermutige ich ihn, das Herz zu spüren oder es sich vorzustellen, wie er es sehen möchte. Nur ganz selten gelingt das nicht.

Ein solcher Besuch beim Herzen ist sehr interessant. Denn das Herz zeigt sich dem Menschen sehr oft so, dass er an ein wesentliches Thema kommt. Das Herz, das er erfährt, hat fast nichts mit dem physischen Herzen zu tun. Der ganze Vorgang spielt sich im Geist ab. So kann das Herz groß und warm sein und dem Menschen Geborgenheit schenken. Es kann eine weiche Höhle sein, in der er sich zu Hause fühlt. Es kann aber auch hart und kalt sein und ihn zu seiner Härte und seiner Kälte bringen. Manchmal sieht es völlig gepanzert aus. Es bringt den Menschen damit zu seinem starken inneren Schutz. Oder das Herz blutet aus vielen Wunden und versucht damit, den Menschen mit seinen inneren Verletzungen vertrauter zu machen. Manchmal erscheint das Herz weit entfernt und ist trotz aller Anstrengungen nicht zu erreichen. Dann erlebt der Mensch das Leiden, jemanden zu suchen und ihn nicht zu erreichen.

Manche Menschen sind tief betroffen, wenn das Herz gepanzert oder verletzt ist. Sie haben dann Schuldgefühle und Ängste, weil sie bisher so unbewusst und lieblos mit dem Herz umgegangen sind. Das macht dem Menschen jedoch keine Vorwürfe, es ist nicht wirklich gepanzert oder verletzt, sondern macht durch die dramatischen Eindrücke auf leidvolle Themen aufmerksam.

Ich greife so etwas immer auf und ermutige den Menschen, alle Gefühle und Zustände anzusprechen, die jetzt in ihm aufkommen. Er kann zum Beispiel sagen: „Verletzungen, ihr macht mir Angst. Ich bin ganz traurig, wenn ich euch am Herzen sehe."

Meistens frage ich dann: „Woran erinnern dich die Verletzungen und deine Angst und Trauer? Kennst du das auch von früher, vielleicht aus deiner Kindheit?" Oft brechen dann starke Gefühle auf, die der Mensch ansprechen und zulassen kann. Auch wenn es ihm nicht gut geht, freue ich mich für ihn, dass er seinen Gefühlen und seinen unangenehmen Zuständen näher kommt.

Wenn es für ihn sehr dramatisch und fast unerträglich wird, werde ich in meiner Stimme immer ruhiger, um ihm deutlich zu machen, dass ich es gut ertragen kann. Ich sage oft: „Auch wenn es jetzt ganz schwierig für dich ist, ermutige ich dich weiterzumachen. Du lernst dich kennen. Wenn es dir jedoch zu viel wird, kannst du es abbrechen. Du kannst sagen: Ich ziehe mich jetzt zurück."

Das Wort „Verletzungen" und die Gefühle, die dabei aufkommen, erinnern den Menschen sehr oft an leidvolle Erfahrungen in seiner Kindheit. So denkt er zum Beispiel an einen strengen Vater, bei dem er sich ständig unter Druck gefühlt hat, weil der nie mit ihm zufrieden war. Ich frage dann: „Wie sieht denn dein Vater aus, wenn du dich an ihn in deiner Kindheit erinnerst?" Der Mensch schildert diesen strengen Menschen, der nicht zu erreichen ist und verschlossen wirkt. Oft kommen dabei Angst und Trauer auf.

Der Betroffene denkt natürlich, dass er jetzt in seiner Vergangenheit ist und sich mit dem leiblichen Vater beschäftigt. Manchmal sagt jemand: „Ich will mich nicht schon wieder mit meinem Vater auseinander setzen. Ich habe das schon in der Therapie gemacht. Es war zwecklos. Er hat sich nicht geändert." Ich ermutige den Menschen, sich seiner Hoffnungslosigkeit und vielleicht auch dem Frust zuzuwenden und sie anzusprechen.

Mir ist bei inneren Begleitungen immer bewusst, dass der Mensch ganz und gar „bei sich" ist. Das Bild des strengen Vaters ist in ihm. Er schaut nach innen und sieht und erlebt etwas Eigenes. Das sage ich ihm aber nicht, sondern lasse ihn vorerst im Glauben, dass er sich mit seinem Vater auseinander setzt. So bitte ich ihn dann auch, den Vater doch noch einmal anzuschauen, selbst wenn er weiß, dass es hoffnungslos ist, sich mit ihm auseinander zu setzen.

Wenn der Mensch Angst und Trauer spürt, sage ich ihm: „Sprich doch den Vater direkt an. Du kannst ihm sagen, dass du ganz traurig bist und Angst hast, wenn du ihn so siehst." Wenn er das gesagt hat, frage ich: „Wie verhält sich dein Vater, wenn du ihm das so direkt sagst?" Oft sagt der Mensch dann: „Er reagiert gar nicht. Er ist kühl und abweisend."

Ich frage dann: „Spüre doch, warum sich dein Vater so verhält. Ist er mit sich selbst vertraut? Kennt er sich innerlich, kann er seine Gefühle zulassen? Oder geht er auch abweisend und kühl mit sich selbst um?" Oft ist der Mensch einen Augenblick lang ganz still. Dann sagt er verblüfft: „Ich merke jetzt, dass mein Vater gar nicht so selbstbewusst war, wie ich immer gedacht habe. Ich glaube, dass er sich wenig kannte und sich vor manchen Gefühlen sehr geschützt hat." Ich frage dann: „Wie fühlst du dich, wenn du merkst, dass dein Vater so ähnlich mit sich umgegangen ist, wie er es mit dir gemacht hat?" Oft wird der Mensch traurig. Dann frage ich: „Kennst du das auch von dir selbst, dass du manches in dir nicht zulassen kannst und innerlich kühl und abweisend damit umgehst? Und dass du dich manchmal streng bewertest und mit dir unzufrieden bist?"

Der Mensch ist sehr betroffen, weil er ja nie so sein wollte wie der schwierige Vater, an dem er gelitten hatte. Ihm wird jedoch klar, dass er sich manchmal innen und außen ganz ähnlich verhält wie der Vater. Dann ermutige ich den Menschen, das dem Vater zu sagen. Er zögert lange, ehe er sagt: „Vater, ich merke, dass wir uns ähnlich sind. Ich habe manchmal auch nicht viel Vertrauen zu meinen Gefühlen und bewerte und verschließe mich."

Anschließend ist der Mensch überrascht, dass der Vater lebendiger wird. Er hört zu, er freut sich vielleicht sogar. Es kann aber auch sein, dass beide traurig werden. Ich frage dann: „Wie fühlst du dich, wenn du merkst, dass du den Vater erreichen kannst und dass er reagiert?" Meistens kommt Erleichterung auf, selbst wenn der Mensch ganz traurig ist. Er kann dann sagen: „Vater, ich bin erleichtert, dass du mich hörst und verstehst." Ich ermutige den Menschen, zum Vater hinzugehen und ihn zu berühren oder ihn in die Arme zu nehmen. Auch wenn die Berührung noch vorsichtig ist, entsteht ein Kontakt, nach dem der Mensch sich sein Leben lang gesehnt hat. Er kann es genießen.

Erst jetzt sage ich: „Frage diesen Vater doch, ob er in dir ist, ob er dein innerer Vater ist." Auch wenn jemand ähnliche Erfahrungen schon gemacht hat, ist er ganz verblüfft, dass es jetzt nicht um die Begegnung mit dem leiblichen Vater geht, sondern dass er ganz bei sich ist. Denn der Vater bestätigt, dass er innen ist. Oft verwandelt er sich und sieht anders aus als der leibliche Vater. Ich lasse danach oft fragen, ob dieser innere Vater schon immer da war, auch wenn der Mensch ihn nicht gespürt hat. Und dann kann er auch noch fragen, ob dieser innere Vater ihn immer gehört, verstanden und geliebt hat, wie er war und wie er ist. Es gibt fast immer eine eindeutige Antwort.

Der Mensch kann sich vom inneren Vater in die Arme nehmen lassen. Er muss nichts mehr tun, er kann es genießen. Ihm wird bewusst, dass er fast sein ganzes Leben an dem Bild des Vaters festgehalten hat, der streng, kühl und abweisend ist. Das hat ihm den Zugang zur eigenen offenen und liebevollen Väterlichkeit schwer, vielleicht sogar unmöglich gemacht.

Was ich eben geschildert habe, ist ein unglaublich interessanter Zugang zu den schwierigen Themen des Lebens. Natürlich leidet ein Kind an der Strenge, Abwehr, Lieblosigkeit, Aggression und vielleicht sogar Gewalt der Erwachsenen. Ein Kind kann nicht erkennen, wie ein großer, starker erwachsener Mensch mit sich selbst umgeht. Es kann sich nicht vorstellen, dass er so unbewusst mit vielen seiner Gefühle und der inneren Welt lebt und so viel Schutz nach innen und außen aufbaut.

Die meisten Therapien, die sich mit Erinnerungen an Erfahrungen in der Kindheit beschäftigen, gehen davon aus, dass es um die Auseinandersetzung mit den Menschen geht, an denen das Kind gelitten hat. Man kann dabei sicher ein bisschen mehr Verständnis für den lieblosen Erwachsenen finden. In inneren Erfahrungen kann man jedoch nicht nur das Verhalten der anderen durchschauen, sondern man wird sich bewusst, dass man sich bisher ganz ähnlich verhalten hat.

Das mag am Anfang schmerzlich sein, aber eigentlich nur deswegen, weil man es bisher genau so intensiv verdrängt hat wie der Erwachsene, an dem man in der Kindheit gelitten hat. Sätze wie „Ich will nie so sein wie mein Vater" oder „Meine Mutter ist mir total fremd, wir haben kaum etwas Gemeinsames" oder „Ich hasse meine Mutter" sind Aussagen über den Umgang mit sich selbst. Es ist ein starker Schutz gegenüber den eigenen unvertrauten und unangenehmen „negativen" Gefühlen oder inneren Zuständen. Der Mensch, den man nicht ertragen kann, bringt einem durch sein Verhalten solche schwierigen Gefühle und Zustände nahe.

Denn wir sind uns alle sehr ähnlich. Wir leiden nicht in erster Linie an unseren Gefühlen und Eigenschaften, sondern an dem unbewussten Umgang damit. Dass ein Erwachsener so lieblos, abweisend und aggressiv mit einem Kind umgeht, ist sein Versuch, sich selbst nicht zu spüren. Ein lebendiges Kind berührt den Erwachsenen in seinen eigenen Gefühlen und inneren Zuständen. Wenn er die nicht kennt, nicht mag und sogar Angst vor ihnen hat, dann setzt er sich innen und auch gegenüber dem Kind zur Wehr.

Meistens spürt der Erwachsene dabei, dass er sich nicht richtig verhält und das Kind ins Leiden bringt. Das löst in ihm auch noch Schuldgefühle und Ängste aus, die er unter Kontrolle bringt. So zerrüttet sich eventuell die Beziehung zum eigenen Kind, das er als Ursache seiner unangenehmen Zustände empfindet. Die millionenfache Tragödie in unserer Gesellschaft ist der unbewusste Umgang mit sich selbst. Der wird von einer Generation zur nächsten vererbt.

Für innere Erfahrungen heißt das: Die Beschäftigung mit den Menschen, die wir im Laufe des Lebens kennen gelernt haben, kann mitten in die eigenen Themen führen. Ein schwieriger Mensch bringt uns die unangenehmen, oft verdrängten Gefühle und innere Zustände nahe. Ein geliebter Mensch bringt uns zu dem, was wir suchen und nach dem wir uns sehnen.

So wie oben im Beispiel mit dem strengen Vater kann es wunderbare Erlösungen geben. Man öffnet sich den eigenen schwierigen Themen und erfährt bei der Gelegenheit, dass es die Zustände unserer Sehnsucht gleichzeitig in uns gibt. Der innere Vater ist das väterliche Ideal, nach dem sich jeder Mensch sehnt. Es mag äußere Väter geben, die diesem Ideal nahe kommen. Die eigentliche Erlösung findet jedoch im Inneren statt, wenn man erlebt, dass die eigene Väterlichkeit einen akzeptiert und liebt, wie man ist und wie man war.

Ich weiß aus Tausenden von derartigen inneren Erfahrungen, dass es in uns eine bedingungslose Liebe gibt. Die kann uns ein äußerer Mensch nicht geben, weil jeder Mensch seine Grenzen hat. In einer Religion nennt man es vielleicht „die Liebe Gottes".
Etwas Derartiges in sich selbst erfahren zu haben, ist ein unvorstellbarer Schritt ins Selbstvertrauen. Das können nicht nur einige wenige „Heilige" erleben, sondern alle, die den Mut haben, sich so zu erfahren, wie sie sind. Zu wissen, dass man auf seinem Wege von innen geliebt wird und dass jeder Schritt auf dem eigenen Wege von innen gesehen richtig und sinnvoll ist, verändert die eigene Weltanschauung und den Umgang mit anderen Menschen und der ganzen Welt.

Wenn jemand in einer inneren Erfahrung an einen schwierigen Menschen aus seinem Leben kommt, muss er innerlich nicht nur verständig und liebevoll mit ihm umgehen. Bei dem inneren Kontakt mit dem strengen, kühlen und abweisenden Vater können auch Gefühle wie Hilflosigkeit, Aggression oder sogar Hass und Gewalt aufkommen. Auch zu solchen übel beleumdeten Gefühlen kann man den Menschen ermutigen. Denn es geht ja nicht um den äußeren Vater, den der Betreffende sieht, sondern um eine innere Gestalt, die so aussieht wie der äußere Mensch. Das ist ein grundlegender Unterschied, den man sich selbst immer wieder deutlich machen sollte, wenn man jemanden nach innen begleitet.

Natürlich ermutige ich niemanden, in der Begegnung mit dem äußeren Menschen Hass und Gewalt auszuleben. Dort gibt es Regeln und Gesetze, an die wir uns halten müssen. Innen ist es ganz anders. Dort kann der Mensch zum Beispiel sagen: „Vater, ich hasse dich. Hass und Gewalt, ich lasse euch jetzt zu." Und dann kann er mit der inneren Gestalt, die so aussieht wie der leibliche Vater, machen, was er will. Er kann sie beschimpfen und beleidigen. Er kann sich auf sie stürzen, sie schlagen, treten, würgen, auf sie einstechen oder auf sie schießen. Er kann in einem Rausch der Gewalt die Gestalt des Vaters und dann vielleicht auch noch einige andere Gestalten oder Gegenstände vernichten.

Oft hat der Mensch große Angst und starke Schuldgefühle, weil er weiß, dass man so etwas in der äußeren Welt nicht tun darf. Ich helfe ihm, indem ich sage, dass er jetzt ganz in seinem Inneren ist und dort auch mit seinen starken aggressiven Energien jede Art von Erfahrung machen kann. Nach solchen Worten oder auch ohne sie fühlen die meisten Menschen eine große Erleichterung und Freude. Manchmal lachen sie minutenlang, wenn ich ihnen vorschlage, dem gerade erledigten Gestalt des Vaters zu sagen: „Es geschieht dir recht. Das wollte ich schon immer mit dir machen."

Selbst wenn ich in einer Gruppe nur andeute, wie schön es ist, innerlich jemanden in den Hintern zu treten, freuen sich alle. Auch die, die noch große Angst vor diesen inneren Kräften haben und glauben, dass man auch im Geist so etwas nicht tun darf.

Aggressivität, Hass und Gewalt sind nach meinen Erfahrungen die schwierigsten Themen, weil man bei uns immer außen und innen verwechselt. So empfehle ich, sich auch persönlich in eigenen Erfahrungen immer wieder mit diesen Energien zu beschäftigen, um aus eigenem Erleben zu wissen, dass man innen offen mit ihnen umgehen kann. Dann wird es leichter, andere Menschen zu solchen Erfahrungen zu ermutigen.

Im Allgemeinen versuche ich, den Menschen seinen inneren Weg gehen zu lassen. Ich rate ihm daher, sich dem zuzuwenden, was er gerade in sich spürt. Kommen Aggression, Hass und Gewalt ins Bewusstsein, dann „schubse" ich manchmal ein bisschen, wenn sich der Mensch darauf einlässt. Ich sage ihm aber immer, dass er Nein sagen darf und ich dann auch aufhöre.

So bitte ich manchmal jemanden, einen kleinen Versuch mit der Gewalt zu beginnen, um zu erleben, wie es sich anfühlt. Er kann die innere Gestalt zum Beispiel anschreien oder sie kräftig durchschütteln. Oder ich schüre manchmal die Wut ein bisschen, indem ich sage: „Es ist ja furchtbar, wie dieser Mensch mit dir umgegangen ist. Da musst du doch wütend sein." Lässt er sich darauf ein, lernt er seine aggressiven Energien besser kennen. Kann er es nicht, dann bitte ich ihn zu sagen: „Wut, ich habe noch wenig Vertrauen zu dir. Ich ziehe mich jetzt zurück." Auch dann spürt er Erleichterung.

Wenn jemand furchtbar in sich wütet, dann richtet er weder innen noch außen Schaden an. Er gewinnt Vertrauen zu seinen Energien. Wenn er die Gestalt, die so aussieht wie der strenge Vater, vernichtet hat, ist es ruhig und offen in ihm. Er atmet durch und fühlt sich befreit. Er kann sagen: „Freiheit, ich freue mich über dich."

Mit dieser inneren Gewalttat hat er sich von einem Bild befreit, das den Zugang zu seiner eigenen Männlichkeit und Väterlichkeit bisher ganz schwer, vielleicht sogar unmöglich gemacht hat. Immer wenn das Thema Väterlichkeit in ihm berührt wurde, dachte er an den strengen und abweisenden Vater und schützte sich vor ihm. Damit verwechselte er außen und innen.

Nach der Gewalttat ist der innere Raum offen für ein anderes Bild seiner Väterlichkeit. Ich lasse den Menschen nach innen fragen: „Innerer Vater, kannst du jetzt zu mir kommen?" Häufig zeigt sich dann eine väterliche Gestalt, die wenig oder nichts mit dem äußeren Vater zu tun hat. Manchmal kommt ein kraftvoller und liebevoller Vater auf ihn zu, nach dem er sich schon lange gesehnt hatte. Er kann sich ihm anvertrauen und sagen: „Innerer Vater, nimm mich in deine Arme. Ich vertraue mich dir an." Dann wird es still. Manche weinen in dieser Berührung vor Erleichterung. Sie spüren Liebe und Angenommensein.

Wenn der innere Vater nicht von sich aus deutlich wird, frage ich: „Wie stellst du dir den Vater vor, zu dem du Vertrauen haben kannst und mit dem du leben kannst? Der Mensch schildert dann die Eigenschaften des ersehnten Vaters. Ich frage: „Wie fühlst du dich, wenn dieser innere Vater jetzt auf dich zukommt?" Fast immer sieht der Mensch eine freundliche und liebevolle väterliche Gestalt. Wenn das nicht gelingt, kann der Mensch nach innen bitten: „Innerer Vater, hilf mir, dich im Lauf der Zeit kennen zu lernen und mit dir vertrauter zu werden." Auch dabei entstehen Ruhe und Zuversicht. Das ist eine Antwort von innen.

Wenn man sein Herz oder den inneren Vater, die innere Mutter, das innere Kind oder sonst eine hilfreiche Gestalt in sich gefunden hat, kann man sie bei schwierigen inneren Erfahrungen mitnehmen. Wenn jemand zum Beispiel große Probleme mit der Hinwendung zu Aggression und Gewalt hat, kann er zum Beispiel sein Herz fragen: „Hast du Vertrauen zu meiner Aggression und meiner Gewalt? Kann ich sie in mir ausleben?" Oft hört er dann ein fröhliches Ja. So muss man sich gar nicht bemühen, jemanden an dieses schwierige Thema zu bringen.

Man kann im Inneren mit allem aggressiv und gewalttätig umgehen. Es ist zum Beispiel sehr erleichternd, auf ein Organ loszugehen, was einem Leiden verursacht.

Ich erinnere mich an eine Frau, die mehrfach zu inneren Erfahrungen zu mir kam. Dabei ging es vor allem um ihre Wirbelsäule, der es schlecht ging. Sie verursachte Schmerzen und Behinderungen. In den ersten inneren Begleitungen besuchte sie die Wirbelsäule und sagte ihr: „Wirbelsäule, du gehörst auch so zu mir. Hilf mir doch, mit dem vertrauter zu werden, was du mir nahe bringen willst." Sie nahm die Wirbelsäule in ihre inneren Arme und ging liebevoll mit ihr um. Die Wirbelsäule freute sich und wurde ein bisschen weicher und stiller.

In der dritten oder vierten Begleitung war die Frau genervt, als ich sie fragte, ob sie noch einmal zur Wirbelsäule gehe wollte. Wütend sagte sie: „Ich tue so viel für meine Wirbelsäule. Ich rede mit ihr, höre ihr zu, habe sie behandeln lassen. Aber sie hat sich nicht verändert. Sie tut immer noch weh und behindert mich. Ich bin richtig wütend." Ich sagte: „Dann sprich zu deiner Wut. Du kannst sagen: Wut ich lasse dich jetzt zu. Und dann machst du mit deiner Wirbelsäule, was du willst in deiner Wut." Da brachen alle Dämme bei der Frau. Sie beschimpfte die Wirbelsäule ganz heftig, wurde immer wütender, ging zur Wirbelsäule, riss sie mit beiden Händen aus dem Rücken heraus, zerbrach sie in viele Teile, zertrampelte die Bruchstücke zu Staub und schimpfte immer weiter. Ich fand es wunderbar!

Die Frau spürte ihre große Energie, die jetzt im Körper floss. Alles war warm und durchblutet. Der ganz Rücken war durchströmt. Aber er tat immer noch weh. Sie hatte ein paar Schuldgefühle, dass sie eben so brutal mit ihrer Wirbelsäule umgegangen war. Sie sprach die Schuldgefühle an und ging ziemlich ruhig, beglückt, aber auch nachdenklich nach Hause.

Zwei oder drei Wochen später rief sie mich an und erzählte, dass ihr Rücken ganz frei sei. Sie weinte vor Rührung. Ich vermute, dass sie sich in ihrer Gewalt genau den Energien geöffnet hatte, die sie bisher innen und auch in der Wirbelsäule blockiert und kontrolliert hatte. Natürlich war ihre Wirbelsäule durch die Gewalttat nicht geschädigt oder zerstört worden. Die Frau hatte ihre Gewalt auf der richtigen Ebene ausgelebt.

Aggression und Gewalt kann man aber im Inneren auch als Bedrohung erleben. Da gibt es unerträgliche Gefühle wie Panik und Depression, die einen lebensunfähig machen wollen. Da sind Monstertiere, die nur darauf warten, einen zu fressen. Da gibt es Feinde, vielleicht in menschlicher Gestalt, die einem auflauern, um einen zu verletzen, zu vergewaltigen oder zu töten. Da ist ein Feuer, das einen vernichten will und das Meer, in dem man zu ertrinken droht. Da sind furchtbare Waffen, die sich auf einen richten, um einen umzubringen. Und da sind die noch versteckten Bedrohungen, die zum Beispiel in der dunklen Tiefe auf einen lauern. Fast jeder Mensch fürchtet, verletzt oder getötet zu werden, wenn er sich vor dieser Gewalt nicht schützt und sich nicht in Sicherheit bringt.

In der äußeren Welt ist es richtig und notwendig, sich zu schützen. Dort muss man versuchen, der Gewalt zu entkommen oder gar um sein Leben zu kämpfen.

Leider weiß kaum jemand bei uns, dass solche bedrohlichen und zerstörerischen Kräfte im Inneren völlig harmlos sind. Man kann sie leben und man kann sich ihnen ausliefern. Viele „psychisch kranke" Menschen leiden an solchen vitalen inneren Energien, die sie fürchten und vor denen sie sich mit aller Kraft zu schützen versuchen. Dabei werden sie in den meisten herkömmliche Therapien unterstützt. Man versucht, den Menschen durch Behandlungen oder Medikamente von solchen Energien und Bildern zu befreien.

Am Beginn meines inneren Weges bin ich mit solchen Bedrohungen sehr vorsichtig umgegangen. Denn auch ich hatte viele Ängste, die ich in bestimmten äußeren Situationen immer wieder spürte oder die unbewusst von innen aufkamen. So habe ich Menschen in Begleitungen auch von ihrer Bedrohung weggeführt.

Je mehr Vertrauen ich zu mir gewann, um so leichter wurde es, andere Menschen zu ermutigen, sich einer Bedrohung zu nähern und mit ihr zu sprechen, um sie als etwas Inneres zu erfahren. Man kann dann sagen: „Bedrohung, ich spüre dich. Ich kann dich nicht ertragen und ziehe mich von dir zurück."

Inzwischen habe ich die Gewissheit, dass ich weder mich noch den Menschen, der zu mir kommt, vor inneren Bedrohungen bewahren muss. Ich weise darauf hin, dass er die Erfahrung abbrechen kann, wenn es ihm unerträglich wird. Kann der Mensch sich auf etwas Bedrohliches und Zerstörerisches einlassen, gehe ich mit ihm, soweit er es ertragen kann. Ich freue mich immer, wenn ein Mensch an solche schwierigen Themen kommt, auch wenn es ihm am Anfang nicht gut dabei geht. Denn ich weiß, welche Erlösung entsteht, wenn der Mensch sich den eigenen bedrohlichen Kräften öffnet. (In meinem Buch „Bevor du sterben willst, lebe!" habe ich diese Themen in den Mittelpunkt gestellt und dort eine Reihe solcher Erfahrungen geschildert.)

Wenn sich jemand in einer inneren Begleitung von einem mächtigen (Höllen-)feuer bedroht sieht, dann ermutige ich ihn, dem Feuer zu sagen: „Feuer, du machst mir Angst. Ich kann dich nicht ertragen." Er kann sich bewusst schützen und es dem Feuer sagen. Wenn er will, kann er dem Feuer jedoch auch näher kommen. Dann frage ich ihn, ob er sich dem Feuer anvertrauen oder gar ausliefern kann. Wenn das möglich ist, sagt er: „Feuer, ich liefere mich dir aus. Mache mit mir, was du willst. Angst, ich lasse dich jetzt zu." Ich sage dann: „Wenn es dir unerträglich wird, sage Stopp und brich es ab."

Wenn der Mensch sich dann diesem gewaltigen inneren Feuer ausliefert, erlebt er immer, dass er es - nach einem Schreck - gut ertragen kann. Er hat keine Schmerzen, und selbst wenn er sich im Feuer in Rauch und Asche auflöst, nimmt er keinen Schaden. Er kann sagen: „Feuer, ich kann dich ertragen." Damit wird er mit einer starken feurigen Energie in sich vertrauter. Die steht ihm dann friedlich zur Verfügung. Es ist eine Erlösung. Wie viele unbewusste Menschen schützen sich ihr Leben lang vor solchen bedrohlichen inneren Kräften! Wie selten wird jemand ermutigt, sich dem zu öffnen!

Wenn man jemanden durch solche Erfahrungen begleitet und dabei selbst Angst spürt, sollte man sie leise in sich ansprechen und sie zulassen. Man kann dann entscheiden, ob man mit dem Menschen weiter gehen möchte oder nicht. Auch wenn man abbricht, macht man selbst und der andere eine richtige Erfahrung. Ich bin durch die vielen Begleitungen, die mich an meine eigenen Grenzen gebracht haben, zu dem großen Vertrauen gekommen, das ich jetzt lebe und weitergebe.

In diesen Beispielen sind viele Einzelheiten enthalten, die man in einer Einzelbegleitung verwenden kann. Man sollte sich immer selbst spüren und dann schön bewusst das tun, was man im Augenblick empfindet.

Ich höre immer wieder, dass jemand Angst hat, in einer Begleitung nicht weiter zu wissen und zu verstummen. Dafür gebe ich jetzt noch einige Ratschläge, mit denen man eine Reise weiterführen kann. Dafür sind einige neutrale Sätze geeignet, die man immer wieder einflechten kann. Man muss sich dabei nicht bemühen, originelle Formulierungen zu finden. Der Mensch macht ja seine interessanten inneren Erfahrungen. Dann ist es nicht wichtig, mit welcher Formulierung man ihn dazu bringt. Solche Sätze sind:

„Wie fühlst du dich jetzt?"
„Woran denkst du gerade?"

„Was möchtest du jetzt machen?"
„Wen möchtest du in dir besuchen?"
„Wie sieht es dort aus, wo du jetzt bist?"
„Was geschieht mit dir?"
„Wie fühlt sich dein Körper an?"
„Wie sieht es aus oder wie stellst du es dir vor?"
„Kannst du es noch ertragen? Dann sage es diesem Teil von dir."
„Wie verhält sich dieser Teil von dir? Möchte er dir etwas sagen?"
„Frage die Gestalt doch, ob sie in dir ist."
„Bitte die Gestalt, sich so zu zeigen, wie sie wirklich in dir ist."
Um jemanden zu ermutigen, kann man ihn bitten zu sagen:
„Ich versuche, mich dir anzuvertrauen."
„Ich vertraue mich dir an."
„Ich liefere mich dir aus. Mache mit mir, was du willst."
„Mache, was du willst."
Wenn jemand Angst vor etwas hat, kann man fragen:
„Was könnte geschehen, wenn dieser Zustand noch intensiver würde?"
„Wenn du es erfahren willst, versuche, dich dem anzuvertrauen."
„Du kannst dein Herz (oder eine vertraute innere Gestalt) fragen, ob sie mit dir dahin geht."

Jemanden nach innen zu begleiten, ist eine wunderbare Möglichkeit, sich auf der Seelen-Ebene zu begegnen. Man gibt dem anderen die Gelegenheit, sich selbst zu erfahren. Gleichzeitig hat man die Möglichkeit, intensive eigene Erfahrungen zu machen, indem man sich von den Themen des anderen in sich selbst berühren lässt.

Der andere ist kein Patient, mit dem man etwas machen muss, damit es ihm besser geht. Man selbst hat vielleicht ein bisschen mehr Vertrauen nach innen, aber man ist kein Therapeut, der alles tun muss, damit es dem anderen besser geht. Dass sich zwei Seelen gegenseitig berühren und bewusst unterstützen, ist bei uns ziemlich unbekannt. Es ist jedoch sehr menschlich. Früher hatte vielleicht die Großmutter in der Familie die Funktion, aus ihrer Lebenserfahrung den Jüngeren deutlich zu machen, dass jede Erfahrung zum Leben gehört. Die angenehme und erfreuliche, aber auch die schwierige und leidvolle Erfahrung.

---

Für weitere Information zu meinen inneren Erfahrungen sehen Sie bitte in meine homepage: „www.klaus-lange-hamburg.de"
Dort finden Sie Information zu meinen Büchern:
    „Herz, was sagst du mir?"
    „Bevor du sterben willst, lebe!"
    „Wie du denkst, so lebst du"
und zu meinen CDs mit inneren Reisen.
Fast alles können Sie bei mir direkt bestellen per:
    „ie@klaus-lange-hamburg.de"
Ich versende per E-mail auch aktuelle Info-Blätter über meine Veranstaltungen, Veröffentlichungen und über Menschen in ganz Deutschland, die innere Erfahrungen anbieten.